創刊38年の老舗投資情報誌

日経マネー

と

金融・保険商品を一切売らない

正直FP《ファイナンシャル・プランナー》

が考え抜いた！

迷わない新NISA投資術

日経マネー発行人 大口克人

正直FP 菱田雅生

日経BP

はじめに

この本は、単なる新ＮＩＳＡ制度の解説本ではありません。

ＮＩＳＡを使った投資の第一歩を、誰もが間違えずに踏み出せるようになるための実践本です。

・ＮＩＳＡ口座は作ったけど、何を買えばいいのか分からない
・制度を知っても、商品選びに不安を感じてしまって始めの一歩が踏み出せない
・投資を始めようとは思うものの、何から始めればいいのか分からない

そんな方も多いのではないでしょうか。

しかし、知っていますか？

今後、ＮＩＳＡを使った投資をした人と、しなかった人との格差が、数千万円単位で広がってしまう可能性があることを。

だからこそ、この本では、２０２４年からの新ＮＩＳＡスタートのチャンスを逃すことなく誰もが迷わず始められるように、私（菱田雅生）と大口克人さんという２人のプロが、資産運用の考え方やＮＩＳＡの賢い使い方だけでなく、具体的なおすすめ証券会社と商品まで解説しています。

一言で言えば、業界歴の長い２人のプロから見て、「間違いない！」と確信できる最強投資法をまとめた本です。

おそらく、投資初心者の人でも、２時間もあれば、重要な部分は読めると思います。22年末、ネット上で「神改正！」と話題になった新ＮＩＳＡの内容だけでなく、「とりあえず、これを買っておけば大丈夫！」という具体的な商品選びまで書いてありますから、読んだ後すぐに口座開設や商品購入に移れるはずです。

各章の使い方とそれぞれから学べること

では、本書の内容について、簡単に紹介していきましょう。

第1章と第2章は、資産運用の必要性と考え方、現行NISAと新NISAの制度内容などを大口さんが記者の視点からまとめています。資産運用を考える際に、最低限知っておくべき内容になっています。覚えようとしなくてもいいですから、「なるほど」と理解することを目指してください。

第3章から第6章は、元証券マンで正直FPの私が担当しました。第3章では、NISA利用の基本的な考え方をまとめています。NISAのお得な使い方を理解しましょう。

第4章では、正直FPがおすすめする「証券会社5選」と、それぞれの証券会社ごとの「おすすめファンド5選」をまとめています。金融機関選びや商品選びに迷った際に参考にしていただけると思います。

第5章では、ライフスタイル別・年代別の「新ＮＩＳＡ活用戦略」をまとめました。近年、日本のライフスタイルはますます多様化しています。そのライフスタイルや年代ごとに理想的な商品の組み合わせ方が異なるのです。本章では、自分に合った組み合わせと商品選びが理解できるはずです。

さて、ここまできたら、誰もが投資の第一歩を踏み出せるはずですから、ＮＩＳＡ口座を作って投資を始めてみましょう！

そして、少し慣れてきたら、第6章で解説している中級者向けの「個別株の投資戦略4選」を検討してみてください。元証券マンとしては、個別株投資の魅力も多くの人に知ってほしいと思っています。

資産形成の王道「長期・分散・積立投資」をきちんと実践し、値動き（評価額の増減）に慣れてきた人で、余裕資金がある人は、ＮＩＳＡのメリットをより大きく感じられる可能性があるので、検討してみるのもよいでしょう。

第7章では、再び大口さん登場で、ＮＩＳＡと人生の出口戦略についてまとめています。保有資産を売却する時の考え方や、リタイア後の資産運用の考え方まで、とても参考にできる内容になっています。

そして、最後の「あとがきにかえて」では、大口さんと私の対談内容がまとめられています。タイトルは「僕たちがＮＩＳＡ活用をすすめる理由」です。

正統派マネー雑誌『日経マネー』の発行人でベテラン経済記者でもある大口さんと、金融商品や保険商品を売らない正直ＦＰである私という2人の豊富な知識や経験から、なぜ今ＮＩＳＡの活用をすすめるのか、どういうスタンスで利用すればいいのか、どのように情報収集すればいいのかなど、本書の各章では触れられていない内容も多く、新たな気付きも得られる対談になっていると思います。本書のまとめと補足という感じですので、気楽にご一読ください。

この本が、「皆さんに絶対役立つ」と断言するわけ

私が、自らを「正直ＦＰ」と呼ぼうと決めたこと、そして「正直」の言葉通り、

自分の利益のためではなくお客さまの利益を第一に考え、金融商品や保険商品を一切販売しないと決めたことには、理由があります。

今から約25年前、勤めていた山一証券が破綻《はたん》。私は当時28歳で長男が生まれたばかりの頃の突然の無職。早く次の仕事を見つけないといけない状態に。落ち込んでいる暇などありませんでした。

再就職活動にあたり、それまでの約5年間の証券マン人生を振り返ってみました。「お客さまのため」というのは建前で、「会社のため」「自分の営業成績のため」に金融商品を販売していたことに改めて気付きました。毎月５０００万円から1億円程度の販売ノルマをクリアすることが目的になっていたのです。

全然「お客さまのため」になっていない！

これからは１００％お客さまのためになるアドバイスがしたい！

そう思って、金融商品や保険商品を一切販売しない独立系ファイナンシャル・プランナー（FP）になることを決めました。簡単に言えば、「いい人」になりたかったたんです。お客さまに嘘をつきたくなかったんです。

それから約25年、商品を販売することによる手数料収入を得ていないからこそ、金融機関等の業者に忖度《そんたく》しない「１００％お客さまのため」の正直ＦＰとして活動してきました。

そんな正直ＦＰの私が、今回は老舗マネー雑誌『日経マネー』の発行人で経済記者歴30年超の大口克人さんとタッグを組んで作ったのがこの本です。

巻末に「特別限定公開動画」付き

なお、巻末ページに「特別限定公開動画」のＱＲコードが載っています。この本を手に取ってくださった読者の皆さま限定で、私の特別公開動画を視聴できます。内容は、本書でも触れている「預貯金だけだと不十分な2つの理由」や「債券・株式・投資信託のメリット・デメリット」を、より詳しくアニメーションたっぷりの動画で解説しています。さらに、個別の投資信託を比較する際に重要な「目論見書《もくろみしょ》の見方」も、動画で解説しています。ぜひご覧ください。

では早速、第1章から楽な気持ちで読み進めていきましょう。

重要なのは、全体をひととおり読み、とにかく早く投資を始めることです。

きっと20年後、30年後には、この本で得た知識が、あなたの資産を数百万円や数千万円というレベルで増やしてくれているはずです。それが、まさに「この本を買う」という投資に対するリターンです。この投資は、運用の世界の常識ではあり得ないほどの「ローリスク・ハイリターン」になるはずです。

将来、その費用対効果の絶大さに感動していただけたなら、著者としてはこの上ない喜びです。

２０２３年春　正直ＦＰ　菱田雅生

ＱＲコードはデンソーウェーブの登録商標です。

もくじ

第2章

新NISAは〝神改正〟!? どう良くなった?

第3章　正直FPがすすめる賢いNISA活用法

第4章

【正直FP的】選ぶべき金融機関と商品はコレ！

第5章　ライフスタイル・年代別「新NISA活用戦略」

第6章 成長投資枠で買いたい個別株の投資戦略４選

第7章 NISAと人生の出口戦略も考えよう

第1章

そもそも資産運用ってなぜ必要なの？

大口克人

全員が下りのエスカレーターに乗っている時代。知識の更新が必要

「お金の面でゆとりを持って、今より豊かな暮らしがしたい」。誰もが心の中で思うことでしょう。これは全く悪いことではありません。日本ではバブル崩壊の影響か、お金を多く稼ぎたいとか増やしたいと思うのは悪で、お金の話をするのは卑《いや》しいことのように言われます。特に、「投資」というとそれが顕著で、少し勉強している人でも「働いているので収入は安定している。今、お金に困っているわけでもないのに、投資でリスクを取るのはちょっと……」という人もいます。

これは『日経マネー』の記者として30年以上お金の記事を書いてきた身からすると、「まだ昭和から知識のアップデートができていないのか……」と非常に残念に思うことです。なぜなら今は日本経済が成熟して昔のような大きな成長は望めなくな

り、これまで30年もの間、労働者の賃金がほとんど上がっていない時代だからです。

一方で「人生100年時代」と言われるように平均寿命はどんどん延び、公的年金しか収入がなくなってからが人によっては30年以上もあります。そんなきれいごとを言っている余裕はもはや誰にもないはずなのです。

ボーッとしていたら悪くなる一方。今すぐ行動を

投資の世界で有名で、シュッとした雰囲気から「積立王子」とも呼ばれる中野《なかの》晴啓《はるひろ》さん（元セゾン投信ＣＥＯ）は、「昭和の時代は皆が上りのエスカレーターに乗っていたようなもの。ボーッとしていても国の経済成長の恩恵を受けられ、自然と豊かな生活ができた。でも今は逆で、知らないうちに皆が下りのエスカレーターに乗せられている時代。気付いて何か行動を取ったとしても現状維持がせいぜいで、立ち止まっていたら今より生活が苦しくなるのは明らかだ」とおっしゃっています。

また、漫画『ドラゴン桜』や『インベスターZ』で有名な三田《みた》紀房《のりふさ》先生の作品『マネーの拳《けん》』の中には、「金はな……欲しいと思うやつにしか集まらねえんだ。それで

も……欲しいと必死に頑張って、やっとそこそこの金が持てる。最初から普通でいいなんてやつには金は見向きもしねえ。一生……貧乏してろ」という強烈なセリフがあります。私の取材経験からもこれは事実だと言えます。「お金は、お金のことを真剣に考え出した瞬間から貯まり始める」性質があるのです。

幸い、この本に出合ったあなたは「自分のお金を増やす必要性」には今日気付いていただけると思いますので、後は具体的な行動に移すだけです。

そして、ゆとりある生活を送るためにやるべきことは実は簡単で、3つしかありません。それは**①収入を増やす②支出を減らす③お金に働いてもらう**――の3つです。

ただ前述のように「収入を増やす」のはなかなか難しく、企業も、政府にまで言われているのにこれまではほとんど賃上げできませんでした（2023年はインフレを受け、ようやく賃上げムードが出てきましたが）。そのため大企業を中心に、最近は「副業解禁」ムードになっていますよね。

次の「支出を減らす」のにも限度があります。私は一度、実験的に1日3食を2食にして（昼を抜いて）半年ほどで10万円貯めたことがありましたが、後で体調が悪くなるなど結果は散々でした。無理な節約は続きません。退職後には生活費は減ると言いますが、それでも現役時代の7割くらいはかかるようです。

だとすれば、残るのは「お金に働いてもらう」しかありません。お金を働かせる＝資産運用とは、貯蓄や投資を通じて資産を守ったり増やしたりすることで、今はまだ「何だか難しそう……」と感じるかもしれません。ですが、これも原理原則は簡単で、誰にでも理解・実践できる話です。

預貯金だけだと不十分な2つの理由

「銀行や郵便局の預貯金も資産運用の1つなんでしょ？　なら、失敗してお金が減ることもないし手軽だから、それだけでいいのでは」

投資初心者の人がよく言うことです。投資で1億円以上の資金を稼いだ億万投資家も必ず一定の現金や預貯金は持っていますので部分的には合っていますが、基本的には大きな誤解です。

ではどこが違うのかというと、①**預貯金だけではお金が全然増えない**ので資産形成にならないことと、②**預貯金には「インフレ」と「円安」という2つのリスクがある**から安心とは限らない、ということです。

①については「72の法則」で一瞬で説明できます。これは「72を金利の数字で割ると、元本が2倍になるまでのおおよその年数を計算できる」という簡単な計算式です。正確ではないのですが、理解しやすいのでよく使われます。かつて定期預金の金利が6%だった時代には「72

一度覚えれば一生使える「72の法則」

- 72を金利の数字で割れば、複利運用で元本が2倍になるまでのおおよその年数が分かる。
- 例えば金利が8%なら、72÷8＝9で「9年で倍になる」と出る。
- 今の定期預金金利は0.002%。72÷0.002＝36000で「3万6000年たたないと倍にならない」。
- 72を115に変えると3倍になるまでの年数が同様に計算できる（115の法則）。

÷６＝12」で、約12年でお金が倍に増えたことが分かります。定期預金には元本が減るリスクがないので、みんな安心して多額のお金を預け、10年強で倍に増やしていたのです。

でも今のメガバンクの定期預金金利は金額・期間によらず年０・００２％ですから、２倍になるまで３万６０００年もかかることになります。私も皆さんもこの世におらず、これ、全く現実味のない数字ですよね。

②の２つのリスクのうち、まずは**インフレ**ですが、これは物の値段が継続的に上がっていくことです（逆が「先に行くほど物の値段が下がっていく」デフレ）。２０２３年１月の全国の消費者物価指数は前年同月比で４・２％の上昇となり、日本では長らくデフレが続いたので、この上昇率は実に41年４カ月ぶりのことでした。

物価が上がって困るのは、自分が持っているお金で買えるものが減ってしまう（購買力が減る）からです。今１００万円持っているとしても、物価が年に３％上がるなら、１年後には約97万円の価値しかなくなります。預貯金で資産を守っているつもりでも、10年後には74万円強の価値しかなくなっているのです。これを「資産が実質的に目減りした」と言いますが、せめて物価上昇率に勝てるくらいの運用をしないと、食料品や衣類が今と同じようには買えなくなってしまうのです。怖い話です。

次の**円安**は、世界の通貨の中で比べた時の日本円の価値が下がるリスクです。22年の秋にはドル／円の為替レートが1ドル＝152円近くまで円安になりました。1月には1ドル＝115円程度だったので、半年ほどで急激に円安が進んだことになります。

これは米国から1ドルの物を買おうとした時、1月には115円出すだけで買えたのに、10月には150円出さな

ドル／円レートの推移（日足）

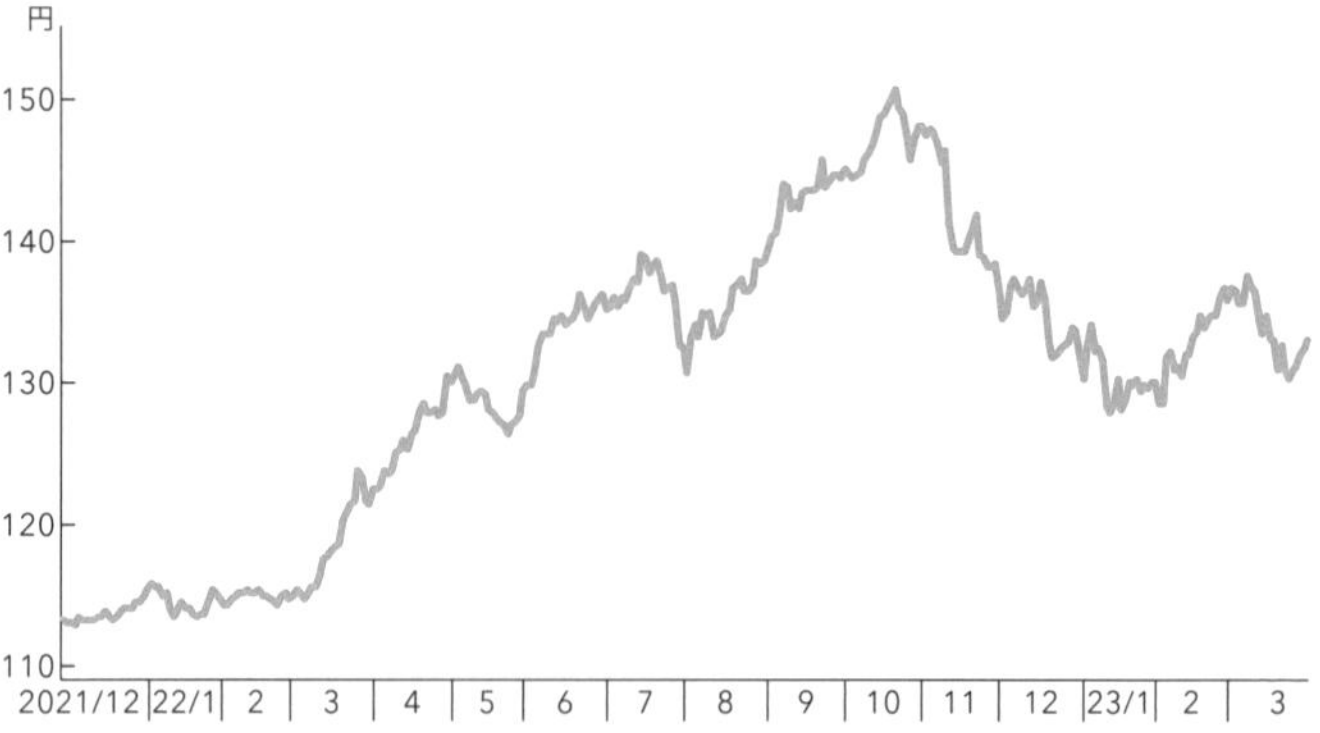

いと売ってもらえなかったことを意味します。

為替レートは主にその国の経済的な力を反映して決まるので、日本の人口減少、少子高齢化、経済の低成長などを考えると、今後も中長期的には円高より円安に向かう要素の方が多いかもしれません。

ただ、対策がないわけではなく、円の価値が将来相対的に下がるなら、資産の一部をあらかじめドルやユーロなどの外貨建ての資産（外国債券や外国株式など）に換えて持っておけばいいのです。いずれにせよ、こう見てくると「預貯金をしていれば資産形成は万全」とは全く言えないことが分かると思います。

投資に勉強は必要なの？

「ここまでは分かった。一刻も早く、賢くＮＩＳＡを活用したいのでやり方を教えて」。気持ちは分かりますが、あとちょっとだけ待ってください。全てを知らなくても投資は始められますが、それでも最低限知らなければならないこともあるのです。

例えばＮＩＳＡというのは制度の名前であり、金融商品の名前ではないことです。

よく投資初心者が銀行や証券会社に行って「ＮＩＳＡをください」と言ってしまうという笑い話がありますが、ＮＩＳＡ自体は買えません。

実際にはＮＩＳＡ制度という〝箱〟の中で株や投資信託（投信）などの金融商品を買うのだから、金融商品に関する最低限の知識は必要になるわけです。

特に、最終的にどの金融商品を買うかは自分が決めることです。自分で選んだ以上は仮に損が出ても人のせいにはできません（自己責任の原則）。逆に言えば、この本でしっかり学べば「失敗しにくい投資法」が分かり、最終的には投資を自己判断できるようになるということです。なので、今ここで基礎を学んでおきましょう。

金融商品は元本保証アリとナシの2種類

金融商品の種類はたくさんありますが、個人が資産形成で使うものは限られ、だいたい左図のようなものが代表的です。大きく分けると「元本が保証されているタイプ」と「元本が保証されないタイプ」の2つがあります。

前者の代表が預貯金で、他に国債や社債などの債券（国や企業が借金をした時の証書のようなもの）もあります。後者の代表は株や投信で、他にもＦＸ（外国為替証拠金）取引や暗号資産（仮想通貨）などがあります。これらは金融市場（マーケットとも言います）で多くの人に取引されていて、時々刻々《じじこくこく》と値動きしています。

この中で我々が活用していくべき商品は、ズバリ「**株と投信**」になります。預貯金や債券、ＦＸや暗号資産、保険などはＮＩＳＡ口座では買えません。また、そもそも論としてＦＸや暗号資産で「一発逆転を狙う」のは資産形成とは呼べませんし、昔は「保険商品で貯蓄」という考え方もありましたが、今は「保険は保

金融商品のいろいろ

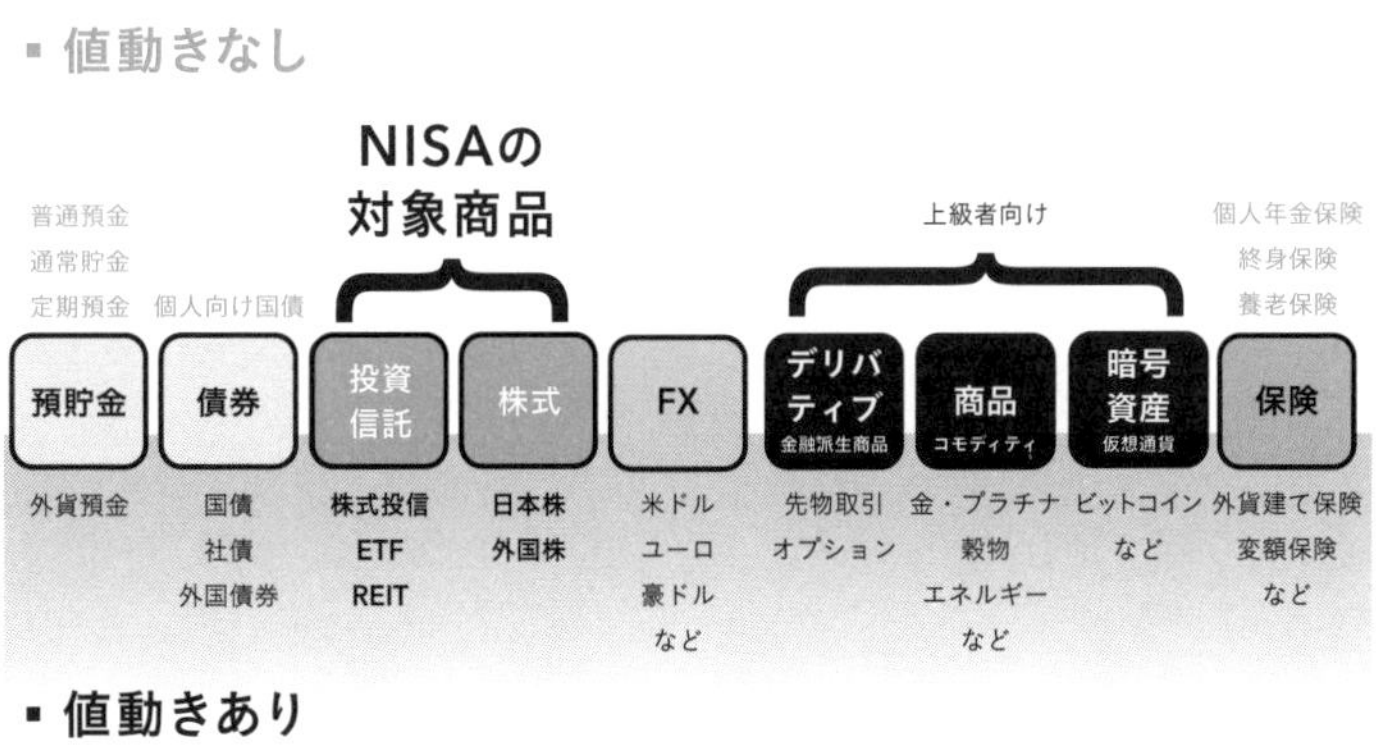

障を得るためのもの。貯蓄とは分けて考える」というのが主流になっています。なので初心者の人は、この後は株と投信に絞って見ていけばいいでしょう。

ただし、投信というのは「任天堂の株」など個別企業の株と違って、その中に何百社もの株や債券、図にある上級者向けの難しい金融商品（デリバティブ＝金融派生商品、コモディティ＝商品取引など）が組み込まれています。ですので、どんな投信なのかを知るためにも、一応今の全体像を頭に入れておいてください。

「ベストの１本」を探さなくてもいい

さて「株と投信」というと2種類に見えますが、株は日本株と外国株に分かれ、日本株だけでも３９００銘柄近くあります。投信も一般的な株式投信の他にＥＴＦ（上場投資信託）とＲＥＩＴ（不動産投資信託）という仲間がいて、全部合わせれば約６０００本になります。初心者はどうもその中から「自分に合った最適な1本」を勉強して見つけなければならないと考え、何も買えずにいることが多いようです。

確かに株の銘柄選びはなかなか難しいのですが、投信はそうでもありません。ほぼ同じ内容で会社が違うだけとか、昔作られたもので今ではほとんど使われていない（使う価値のない）投信も多くあります。なので実際には６０００本から苦労して１本を探す必要はなく、よく使われるタイプを３〜４タイプほど覚えておけば投資は始められます。それに実はＮＩＳＡでは、金融庁も初心者の投信選びを手助けしてくれる仕組みになっているのです（これは第２章で説明します）。

投資信託の主なタイプとは

投信には大きく分けて「**インデックス型**」と「**アクティブ型**」の２つがあります。日経平均株価や米国のＳ＆Ｐ５００種株価指数など、指数に連動する運用成績を目指すのがインデックス型。機械的な運用になるので運用管理費用（信託報酬）という手数料が安く、近年は手数料の引き下げ合戦も起こっています。市場平均並みの成績でいい、という場合にはコストの低いインデックス型は使いやすいため、世界的にも運用の主流になりつつあります。初心者はまずここから始めるのがいいでしょう。

一方のアクティブ型はファンドマネジャーのような専門家がチームを組んで銘柄選

びや入れ替えを行うので、人が張り付いている分コストは高くなりますが、運用がうまくいった時にはインデックス型を上回る成績が期待できます。「ペット関連銘柄に投資する投信」や「欧州のハイブランドに投資する投信」など、ユニークなものが多いのも特徴です。ただ、どのアクティブ投信が期待できるのかが見抜きにくいのと、アクティブ型なのに中身はインデックス型とほぼ一緒とか、結果的にインデックス型に運用実績が負けているものが多い、といった問題もあります。

　投資する資産では株式、債券、不動産などに分かれ、投資する地域では日本、

投資信託のいろいろ

▪ バランス型投信

1つの投信の中に幕の内弁当のように複数の資産が組み込まれている

「4資産均等型」「8資産均等型」などもある

▪ インデックス投信

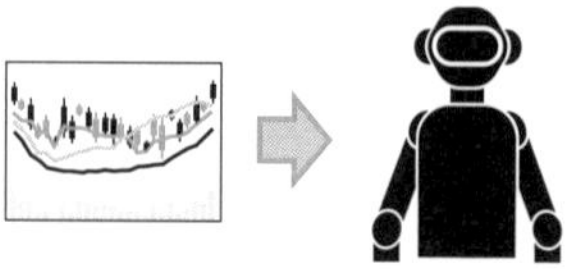

機械的な運用でコストが安い。市場平均並みを目指す

▪ アクティブ投信

専門家集団が運用。コストは高いが成績は期待できる

先進国、新興国などに分かれます。この結果、「主に日本の株式に投資する投信」といったかたちができ上がります。

一方には**バランス型**（資産複合型）という投信もあります。これは1本の中に、幕の内弁当のように日本株・外国株・国内債券・外国債券などが含まれているもので、この先、どの資産が値上がりしそうか分からなくても、1本で対応できる便利な投信です。これも初心者向きとされており、中には、相場状況に合わせて資産を売買し、自動的にバランスを取ってくれるものもあります。

リスク・リターンの関係と「分散でリスクを下げる」

株や投信のように値動きのある商品は、リスク商品と呼ばれます。これは日常語のリスク＝危険という意味ではなく、運用の世界では「リスク＝値動きの大きさ」という意味です。そしてこのリスクこそがリターン（利益）の源泉で、値動きの小さいものは大損する可能性も低い半面、大きな利益も期待できません（ローリスク・ローリターン）。逆がハイリスク・ハイリターンで、皆さんも聞いたことがあるでしょう。

リスク・リターンの度合いは商品ごとに異なり、低い方から預貯金、債券、投信、株……の順になります。国内資産と海外資産では国内の方がリスクが低く、先進国と新興国では先進国の方がリスクは低くなります。

そして誰しもリターンは低いより高い方がいいわけですが、そうするとその分、大きなリスクを取らなければなりません。ではどうするかというと、**「長期・分散・積立投資」を行ってリスクをなるべく減らし、リスクとうまく付き合えばいい**のです。これはコツコツ投資とも言われる地味な投資法ですが、実は資産形成の王道です。

長期投資とは、値動きのあるリスク商品でも過去の実績を20年や30年という長い期間で見ると、始めた時期にかかわらずプラスが出る可能性が高い、ということです。短期で結果を出そうとせず、時間をかけて資産を育てようということですね。

分散投資とは、お金がたくさんあっても1つの銘柄にまとめて投資するのではなく、いくつかの銘柄や何回かに分けて投資するやり方です。値動きや性格の異なるものに分けて投資すると、リターンは平均的な水準にならされてしまいますが、リスクは平均以下になってくれます。例えばトヨタ株に全資産を投資するより、トヨタ・三菱ＵＦＪ銀行・日本製鉄・武田薬品・ソニー・花王・セブン＆アイ・ホールディングスの7社に分けて投資した方が安全そうなのは想像できますよね（こういうのを銘柄分散と言って、これを実現した商品が投信というわけです）。

そして今の銘柄分散投資をある日一度に行うのではなく、毎月1回など時間を分けて行う方法があります（時間分散）。これがいわゆる**積立投資**で、高値づかみする恐れが減り、買うタイミングにも悩みません。また毎月同じ額を投資していくと、高い時には少ししか買えず、安い時には大量に買うことになるので、結果的に平均購入単価が低くなります（この買い方をドルコスト平均法と言います）。

過去のデータで「長期・分散・積立投資」の効果を調べると、期間にもよりますが20年間で元本が2倍くらいになっており、利回りでは年4％程度の複利で運用できたことになります。「いろいろなものに分散して、放っておく」だけでも期間が長くなると、かなりの運用成績が見込めるのです。しかもこれはＮＩＳＡ口座を開いて投信の積み立てを始めるだけでいいので、誰にでもできます。「最強の投資法は実は非常に簡単」というわけで、だからこそ資産形成の王道とも言われているのです。

まとめ

・預貯金だけではお金は増えないし、インフレや円安にも勝てないので不十分。
・金融商品の基本を学び、自分で投資先を選べるように判断基準を養おう。
・資産形成の王道は「長期・分散・積立投資」。これを真っ先に覚えよう。

第2章

新NISAは“神改正”!? どう良くなった？

大口克人

２０２３年中に使える今のＮＩＳＡ制度をまず知ろう

ＮＩＳＡは２０２４年から大きく変わります。これまで投資家が「こうなればいいな」と願っていたことがほぼかなえられているため、ネット界では「満額回答」「神改正！」とまで言われています。どこが改善されたのかを詳しく見ていきますが、その良さを理解するためにも、まずは23年末まで使える今のＮＩＳＡ制度を知る必要があります。仕組みが分かったら24年を待たずに使い始めるのもいいでしょう。

ＮＩＳＡの非課税パワー、どれだけ強力なの？

ＮＩＳＡは日本に住む人が使える非課税投資制度ですが、そのお得度はどのくらいなのでしょうか。通常の証券口座（課税口座とも言います）と比べてみましょう。

　例えば、あなたが今の一般ＮＩＳＡ口座でＡ社の株を１００万円分買ったとします。Ａ社は急成長して、株価が数年後に11倍、１１００万円になりました（こういう株を10倍株とかテンバガーと言い、株式投資の世界ではたまにあるケースです）。

　値上がり益は実に１０００万円という見事な成績ですが、この時、もし通常の課税口座で投資をしていたら、この１０００万円に20・３１５％（所得税15％、住民税5％、復興特別所得税０・３１５％）の税金がかけられて、手元には約７９７万円しか残りません。１０００万円も儲け

NISAはどのくらいお得なのか

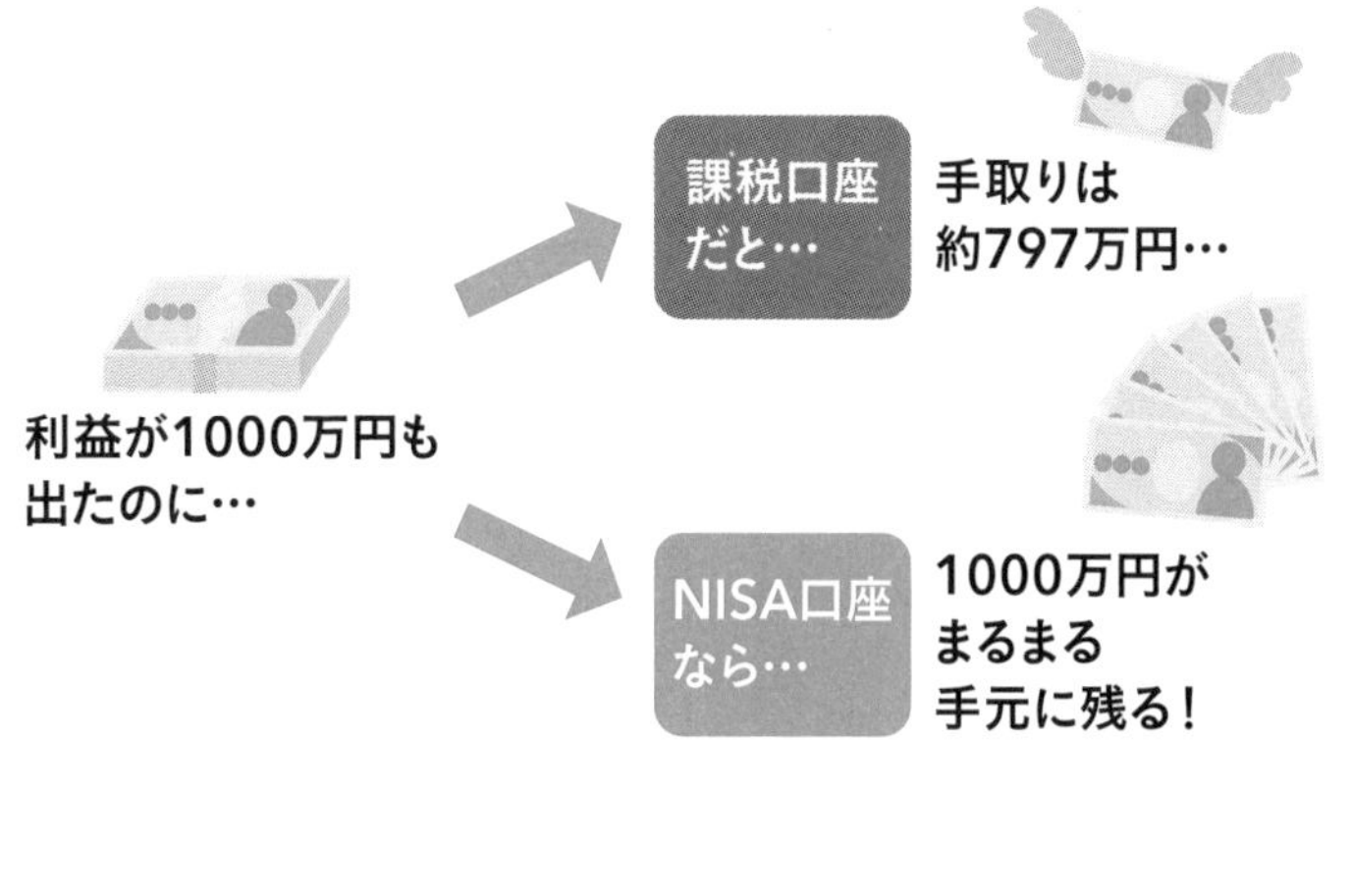

たのに税金で２００万円以上も取られるとは、ちょっと衝撃的ですね。
しかし賢いあなたはＮＩＳＡ口座で投資していたので、値上がり益に1円の税金もかかりません。この例だと**１０００万円がまるまる自分のものになる**のです。

さらに、株を持っていると半年に1度など「配当」というボーナスのようなものがもらえます（配当の出ない銘柄もあります）。この配当も課税口座では出るたびに約2割が引かれてしまいますが、ＮＩＳＡ口座なら非課税です。このように株や投信の値上がり益・配当（投信では分配金）が全て非課税になるのが最大の魅力です。

しかも、この非課税メリットは運用が長期になるほど効いてきます。例えば投信の積み立てをしている場合、分配金が出てもそれを受け取らずに元本と合わせて再投資に回すと、雪だるまが「転がるうちにだんだん大きくなる」ようなかたちでお金が増えていきます（これを複利効果と言います）。

この時、課税口座だと分配金が出ても約2割引かれた額しか再投資に回らないのですが、ＮＩＳＡ口座なら分配金全額が1円もロスなく再投資されます。この差は左のグラフのように、運用期間が長くなるほど大きくなります。

仮に毎月5万円を30年間積み立て、利回り5％で運用できたとしましょう。NISA口座で運用していれば元本の1800万円は最終的に4161万円まで増えていますが、課税口座の方は3470万円にしかなっていません。その差は実に691万円。かなりいいクルマが買える額です。「非課税×長期運用」がいかに強力な組み合わせなのかが分かるでしょう。

また非課税だと、資産の把握もしやすくなります。課税口座で必要な「今回の値上がり益は10万円だ（でも本当に手元に残るのは7・97万円）」といった面倒な計算が、不要だからです。

課税と非課税、これだけの差が出る

（毎月5万円を30年間積み立て、利回り5％で運用できた場合）

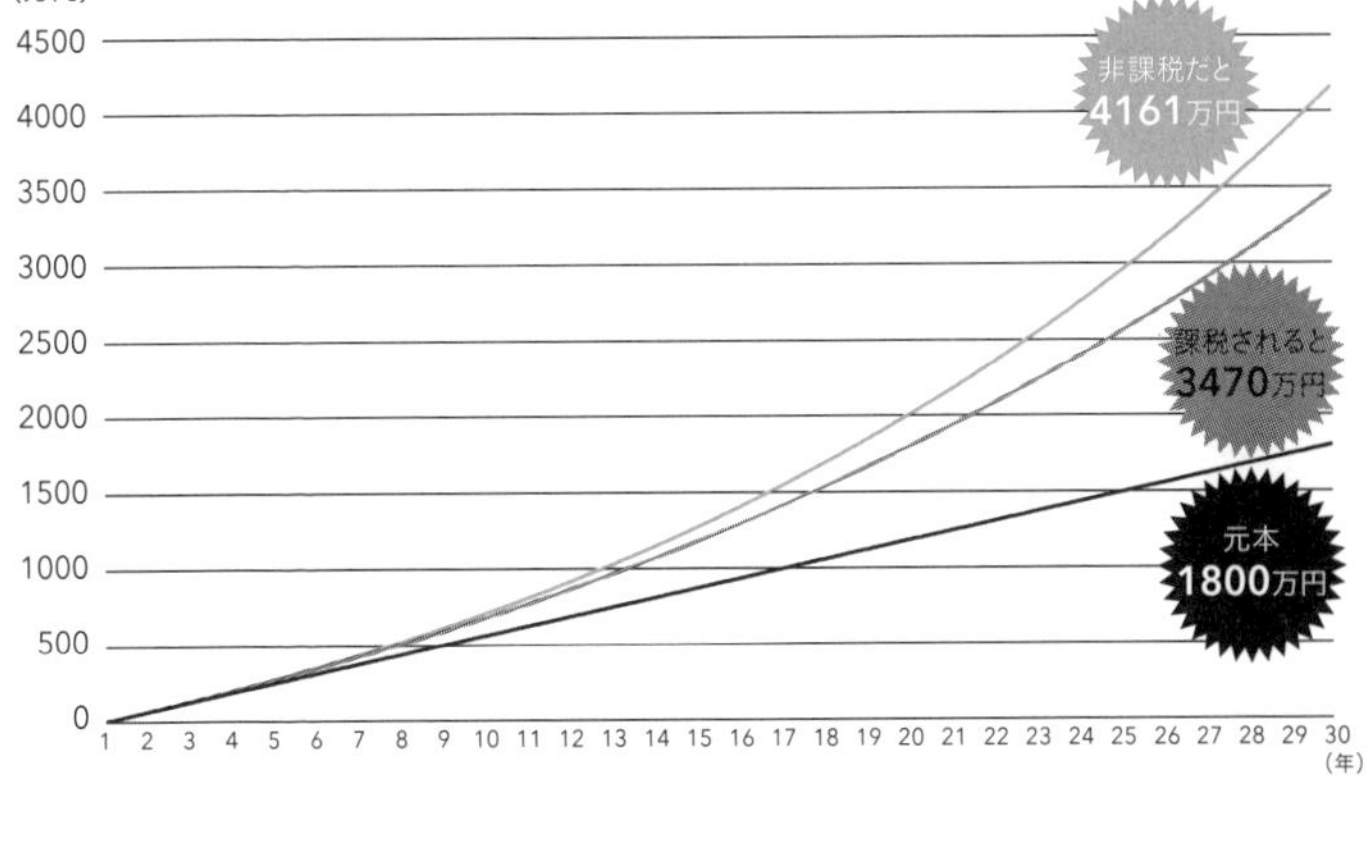

今は３種類のＮＩＳＡがある

　２０１４年に最初に登場したＮＩＳＡは今では「一般ＮＩＳＡ」と呼ばれています。非課税投資枠は16年に年１００万円から１２０万円に増えました。この他に16年登場で未成年に向けた「ジュニアＮＩＳＡ」、18年登場で長期の積立投資向きの「つみたてＮＩＳＡ」の３種類があります。全てのＮＩＳＡで「値上がり益や配当、分配金が非課税になる」というメリットは共通しています。細かい部分ではかなり違いがあり、それぞれの特徴は左の表の通りです。

　最初に注意すべきは「ＮＩＳＡは１人１口座」で、一般ＮＩＳＡとつみたてＮＩＳＡは併用ができず、**どちらか一方を選ぶ必要がある**ことです（年単位で変更は可能）。この２つは成人が利用するもので、当初は20歳からでしたが、23年の成年年齢の引き下げにより18歳から利用可能になりました。この２つの大きな違いは、①非課税運用のできる期間②非課税投資枠③買える商品④買い付け方法――の４つです。

現在のNISAは3種類ある

	一般NISA	つみたてNISA	ジュニアNISA
非課税運用期間	5年 （期間終了後はロールオーバーで新たな非課税投資枠に移管できる）	20年	一般NISAと同じ （ただし2023年以降に非課税期間が終了するものは18歳まで非課税で継続保有できる）
非課税投資枠	年120万円まで （最大600万円）	年40万円まで （最大800万円）	年80万円まで （最大400万円）
買える商品	ほぼ全ての株式・投信・ETF・REIT	218本の投信と7本のETFのみ	一般NISAと同じ
買い付け方法	通常の買い付け・積み立て	積み立てのみ	一般NISAと同じ
目的	自由	自由	自由 （ただし子どもや孫の進学・就職など将来のための投資として）
払い出し	制限なし	制限なし	原則18歳まで引き出せない
売却すると	非課税枠は消滅し、復活しない		
備考	併用不可、23年から18歳で利用可		23年末で終了

（2023年4月4日時点のデータ）

一般ＮＩＳＡは自由度は高いがロールオーバーが面倒

まず一般ＮＩＳＡは非課税運用期間が5年と短いのですが、非課税投資枠は年１２０万円までと大きく、証券会社が扱うほぼ全てのリスク商品を買えます。具体的には株式（日本株、外国株。日本株だけで約３９００銘柄）、株式投資信託（約５８００銘柄）、ＥＴＦ（国内ＥＴＦ、海外ＥＴＦ。国内ＥＴＦだけで２５４銘柄）、ＲＥＩＴ（国内ＲＥＩＴ、海外ＲＥＩＴ。国内ＲＥＩＴだけで60銘柄）という多さです（23年4月上旬）。

この「いろいろな商品が選べる」という自由度の高さが一般ＮＩＳＡの特徴で、買い付け方法も通常の購入と積み立ての両方が使えます（ただし積み立てで買えるのは投信で、一般的に株式やＥＴＦ、ＲＥＩＴでは積み立てはできない）。一方では選べる商品が多すぎると迷ってしまう人もいるようで、ここは悩ましいところです。

そして、期間限定である一般ＮＩＳＡの最大の泣きどころが「ロールオーバー」です。23年中に非課税枠を使うために運用を始めた人の場合は関係ないので、もはや覚える必要もないのですが、とにかくこれが難解で面倒でした。

要は非課税運用期間の5年が終わった時にどうするかという話で、投資家の選択肢は3つありました。

①資産を売却（現金化）する②課税口座に移して運用を続ける（以降は課税される）③ロールオーバーの手続きをして、6年目の新たな非課税投資枠に移管して非課税運用を続ける――の3つです。

③の場合、運用がうまくいって資産が300万円などに膨らんでいても、ロールオーバー時にはその全額を新規の非課税口座に移管できる長所がありました。

一方で5年後に120万円の株が80万

ロールオーバーの仕組み

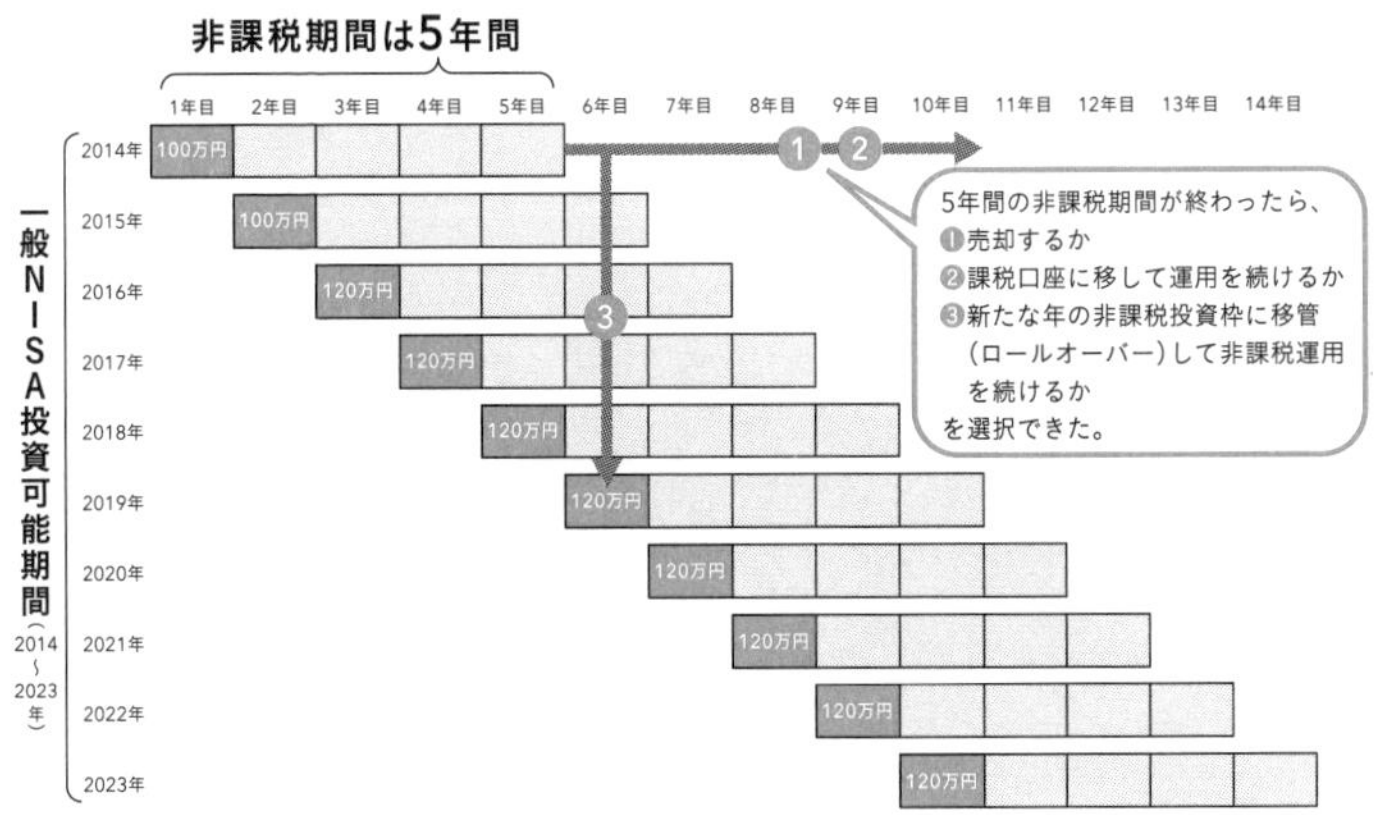

円などに下がって損が出ていたら、非課税メリットはなくなってしまうので、面倒でもロールオーバーしてプラスになるまで運用を続けるしかありませんでした。結局、毎年継続的にＮＩＳＡで投資していた人は、18年末からこれまで年に1度は「またロールオーバーの手続きをしなければ」と、非常に面倒くさい思いをしていたのです。中には多分、前ページの階段状の図がイマイチ理解できないとか、ロールオーバーが面倒だとかでＮＩＳＡから離れてしまった人もいると思います。

最後発のつみたてＮＩＳＡはよくできている

もう1つのつみたてＮＩＳＡはどうでしょう。こちらは改良を重ねて最後に登場しただけあり、前述のさまざまな問題点がかなり解消されていました。

非課税枠は年40万円までと小さいのですが、その代わりに非課税運用期間が20年と、一般ＮＩＳＡの4倍に延長されました。これは85ページの金融庁のグラフが示す通り、運用期間が5年と短いと運用成績は「いい時はいいが、条件が悪いと赤字で終わる」のに対し、運用期間が20年になると「ほとんどの場合は赤字が出ずにプラスで終わる」からです。当時私はこの20年という期間を見て、金融庁が「堅実な運用とは長期運用のこと！」というメッセージを強烈に出してきたなと思ったものです。

また、つみたてＮＩＳＡは一般ＮＩＳＡに比べ、**買える商品が極端に少ない**のも特徴です。具体的には投信と一部のＥＴＦのみで、金融庁が定めた「販売手数料はゼロ」「国内株のインデックス型なら運用管理費用（信託報酬）が０・５％以下など、コストが低いこと」「毎月分配型でないこと」といった条件に合う、長期運用に適した商品だけ。23年４月４日時点ではインデックス型の投信が１９１本、アクティブ型が27本、ＥＴＦが７本で、全部でも２２５本しかありません。

これを「選択肢が少ない」と取れば魅力薄となりますが、前述の通り「何でも買えると、選択肢が多すぎて選べない」という人もいるのです。だとすると、投資初心者のために金融庁があらかじめ商品を絞り込んでくれているとも言えるわけで、これはむしろつみたてＮＩＳＡの長所と言えるのではないでしょうか。

つみたてＮＩＳＡはその「買い付け方法」も独特で、名前の通り積み立てでしか買えません。この制約により一度にドカンと買う一括投資ができないため、高値づかみの恐れも減り、結果的に安くたくさんの口数を買えます。この辺も「資産形成には、長期・（低コスト投信での）分散・積立投資がいいんですよ」という金融庁からのメッセージだったと私は思います。その証拠に、24年からの新ＮＩＳＡは一般ＮＩＳＡの後継制度というより、つみたてＮＩＳＡの色合いの方が濃いからです。

ジュニアＮＩＳＡはやや使いづらく、23年で終了

3つ目のジュニアＮＩＳＡは、親や祖父母が0～19歳（23年からは0～17歳）までの子どもや孫の名義で口座を開設し、資金を出してあげて代理で運用するものです。基本的な部分（非課税運用期間が5年でロールオーバーもでき、ほとんどのリスク商品が一括投資か積み立てで買えること）は一般ＮＩＳＡと同じですが、非課税枠は年80万円と小さくなっています。他の2つのＮＩＳＡはかたちを変えて新ＮＩＳＡに受け継がれますが、ジュニアＮＩＳＡは23年いっぱいでの制度終了が決まっています。

ジュニアＮＩＳＡは、子どもが18歳になるまで資金を引き出せないので使いづらい制度でした。引き出すと過去の利益に対して課税されてしまう上、口座もそこで廃

止されてしまうのです。このため3つのNISAの中では最も不人気でしたが、23年内での廃止が決まると、この引き出し制限が撤廃されました。24年以降は子どもが何歳だろうと、非課税で払い出せるようになったのです。そうなると「意外と便利かも？」ということで、駆け込みで口座を開く人が増えました。

また23年末以降に非課税期間が終わるものについては、子どもが18歳になるまで非課税で保有し続けることが可能です。これも制度終了に伴う特別扱いで結果として便利になった部分です。

なお一般NISAとつみたてNISAは併用できませんが、ジュニアNISAは子ども名義になるので、実質的に他のどちらかのNISAとの併用が可能です。つまりNISA未経験の家族（両親と子ども2人）が23年に初めてNISAで投資をするという場合、最大で一般NISA2人分＋ジュニアNISA2人分＝**計400万円もの非課税枠が使える**のです。これは24年からの新NISAの生涯投資枠とは別に扱われるので、少しでも多く非課税で運用したい人は、23年中にNISAを使い始めておいた方がいい、ということになります。この辺は第3章で改めて解説します。

3つのＮＩＳＡに共通する問題

23年までのＮＩＳＡは制度自体も、非課税運用期間も期間限定です。そのため、一般ＮＩＳＡやジュニアＮＩＳＡではロールオーバーという複雑な手段で、５年ずつ非課税運用期間を延ばしていく必要がありました。つみたてＮＩＳＡも「20年を超えて運用したい」というニーズには対応できませんでした。

また今のＮＩＳＡはどれも、買った商品を一度売って現金化したら、その分の非課税枠は消滅してしまいます。一般ＮＩＳＡで１００万円分の株を買い、値上がりしたので全部売ったとしても、新たに投資できるのは残りの20万円分だけです。これはＮＩＳＡ内での短期売買の繰り返しを防ぐために必要な仕組みですが、なんだかやりにくい感じですよね。新ＮＩＳＡではこの辺が全て改められ、抜群に使いやすくなっています。次のページから詳しく見ていきます。

新NISAは恒久化、無期限化と非課税枠の爆発的拡大が魅力！

ここまで見てきたように「いい制度なんだけど、ちょっとクセが強いところもあった」23年までのNISA制度。それが24年からどう変わるのでしょうか。

NISAの長所である「株や投信の値上がり益・配当・分配金が非課税になる」という点は、もちろん変わりません。最大の変化は、**NISA制度が期間限定のものではなくなり恒久化される**ということです。

今まではいわば夏の間だけ存在する「海の家」みたいなもので、その間は楽しくていいのですが、時期が来て制度がなくなったら我々の資産形成はどうなっちゃうんだろう、という不安が常につきまとっていました。そもそも「長期運用で資産づくり」と言っておきながら、制度自体には終わりがあるなんて矛盾した話でした。

その問題が今回スパッと解決され、ついに日本ではＮＩＳＡが恒久的に続く制度となるのです。これは金融庁や政府の「だから安心して長期運用してください」というメッセージのようにも感じられ、個人的にもうれしく思っています。

「個人投資家の強み」が生かせ、全体的にシンプルに

２つ目の大きな変化が、これまでの5年や20年という**非課税投資期間の無期限化**です。24年からはもう「そろそろ5年だ。一般ＮＩＳＡの株を売るか持ち続けるか……」と悩んだり、ロールオーバーで面倒な思いをしたりする必要はなくなります。運用期間の終わりがなくなるので、プラスが出るまで持ち続ければいいからです。

個人投資家がプロの機関投資家より強い点は、機関投資家は決算期や年度末など一定の期日で資産を売らなければならないが、個人にはそれがないので「ずっと持っていることができる」点だとされています。それなのに5年や20年という期間に縛られて売らなければならないのは、本来はおかしな話でした。今回はその点の理屈が通ってスッキリしますし、ロールオーバー廃止などにより、全体的にシンプルで分かりや

すい制度に変わっています。本質的でない細かい部分で悩まなくてもよくなれば、ＮＩＳＡを使う人はもっと増えるでしょう。

例えるなら、走行性能や安全性能には問題ないけれどデザインが悪く、どことなく乗り心地も悪かったクルマが、次のニューモデルでは無駄のない美しいデザインに変わっていて、それに乗って長旅をするのもなんだか楽しそう。それを見た多くの人が「これなら乗りたいよね」と次々集まってくる。そんなイメージでしょうか。

非課税枠は最大9倍に。お手本の英国をも超える

今までの話は「実はすごいけど、ちょっと地味な話」でした。では数字的にも大きく変わった派手な部分は何かというと、やはり**非課税投資枠の拡大**でしょう。新ＮＩＳＡでは今のつみたてＮＩＳＡを受け継いだ「つみたて投資枠」と、一般ＮＩＳＡを受け継いだ「成長投資枠」の2つができます。非課税額は、つみたて投資枠が年１２０万円まで（つみたてＮＩＳＡの3倍）、成長投資枠が同２４０万円まで（一般ＮＩＳＡの2倍）と、いきなり2倍・3倍で大きくなっています。16年に一般

ＮＩＳＡの非課税枠が20万円だけ大きくなったのとは全く違う規模感です。

さらに驚くべきことに、今は一般ＮＩＳＡとつみたてＮＩＳＡはどちらか１つを選ぶしかないのですが、**新ＮＩＳＡではこの2つの枠が併用できる**のです！　これは極めて素晴らしい改善ですし、２つの枠の合計では年３６０万円までも非課税運用できることになり、つみたてＮＩＳＡの年40万円と比べれば実に9倍になります。お手本だった英国のＩＳＡの非課税枠は2万ポンド（日本円で約３２７万円、23年4月5日時点）ですから、それをも超えたわけです。「爆発的拡大」と呼んでも差し支えないのではと思っています。詳しくは左の表を見てください。

また、投資の世界には「コア・サテライト戦略」というものがあります。コアは資産の「中核」を成す大事な部分なので、全体の8割程度はリスク商品の中でも比較的安全性の高いもので運用する。一方のサテライトは「衛星」なので、全体の2割程度はコアよりもリスクが高く、その代わりに大きく増える可能性のあるもので運用する。そういう投資戦略のことですが、今回の改善により、個人もこの戦略が手軽に実現できるようになりました。

2024年からの新NISAの概要

	つみたて投資枠	成長投資枠
併用	2つの枠は併用可	
非課税投資枠	年120万円	年240万円
非課税運用期間	無期限化	
非課税保有限度枠（生涯投資枠）	合計1800万円	（うち1200万円）
口座開設期間	恒久化	
買える商品	長期の積み立て・分散投資に適した一定の投資信託（現行のつみたてNISA対象商品と同様）	上場株式・投資信託等（①整理・監理銘柄 ②信託期間20年未満、高レバレッジ型及び毎月分配型の投資信託等を除外）
対象年齢	18歳以上	
現行制度との関係	2023年末までに現行の一般NISA及びつみたてNISA制度において投資した商品は、新NISA制度の外枠で、現行制度における非課税措置を適用（現行制度から新しい制度へのロールオーバーは不可）	

つまり、つみたて投資枠では金融庁の基準を満たす低コストのインデックス投信などでしっかりと資産の中核を築き、１割とか2割のお金は大きく増えるのを期待して成長投資枠で株を買うのに回す、というやり方です。このやり方なら、株の運用があまりうまくいかなくても全体ではマイナスの影響は軽減されますし、もしも株価が10倍以上に成長するテンバガーをつかむことに成功したら、全体の運用成績は投信だけの時に比べ一気に良くなります。これまで非課税枠が小さいことや2つが併用できないことでやりにくかったコア・サテライト戦略が、非課税の恩恵を受けながら手軽にできるようになったというのは本当に素晴らしいことだと思います。

「生涯投資枠」という新しい考え方

ただ、非課税枠が年間３６０万円に拡大し、制度自体も恒久化するというのでは、最終的には巨大な非課税投資枠ができてしまいます。さすがにそれは問題だということで、今回**「生涯投資枠」という新しい考え方が導入される**ことになりました。これは１人が持てる非課税枠の総合計のことを指し、額は１８００万円です。19年には

「老後資金2000万円問題」が世間を騒がせましたが、なんと新NISAの非課税枠だけでほぼその額をクリアしてしまうのですね。

　下のグラフのように、仮に月5万円を30年間積み立てるとしましょう（制度が恒久化したのでこんな長期運用もできます）。元本の合計は1800万円になり、NISAの生涯投資枠にすっぽり収まります。この時、運用利回りを割と控えめに3%で見積もっても、30年後の元利合計は約2914万円に増えています。ちょっと強気で5%で見積もれば合計では約4161万円となり、いずれにせよ〝老後資金2000万円〟をはるかに超え

毎月5万円を30年間積み立てると…（利回り3%の場合）

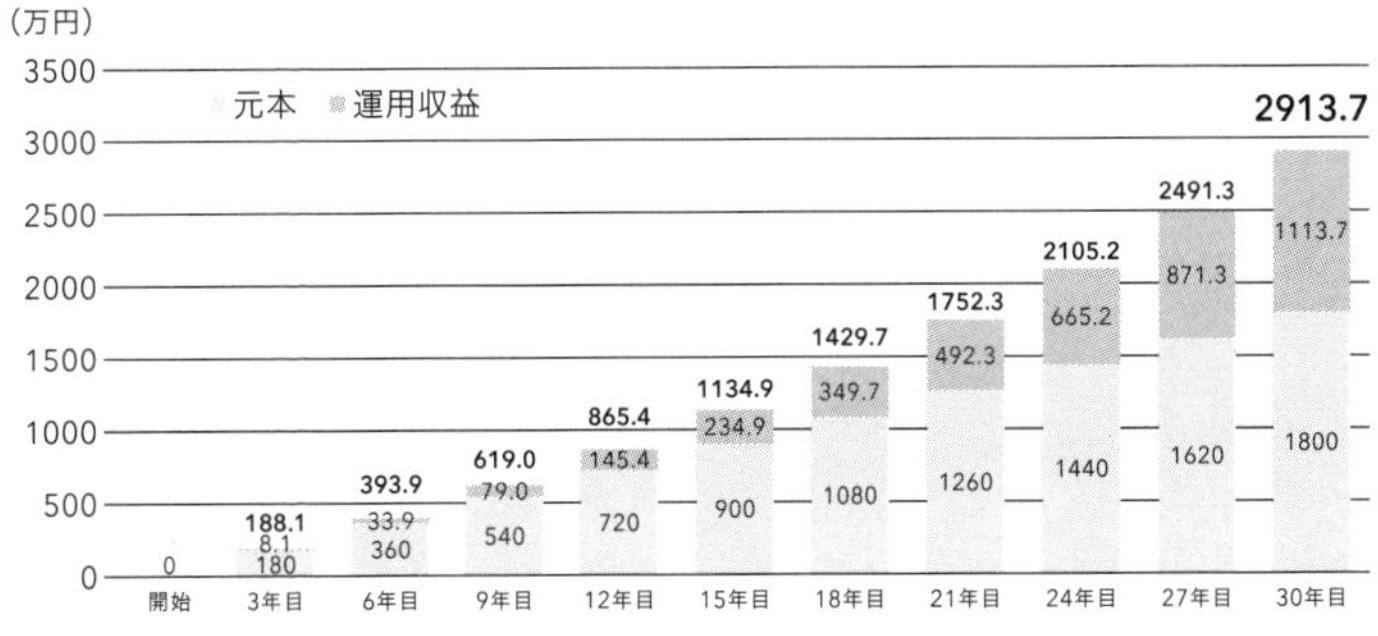

注：金融庁の「資産運用シミュレーション」をもとに作成。年1回の複利計算で、NISAなので税金は非課税で計算。手数料も含まない。

る額がＮＩＳＡだけで手当てできることになるのです。

この生涯投資枠は元本ベース、つまり自分が買った時の値段で管理しますので、自分が出したお金が１８００万円までであれば、それがその後、５０００万円、１億円と運用でどんなに増えても全て非課税であることは変わりません。今回のＮＩＳＡ改正が「神改正」と言われるのも不思議ではないですね。

ただ注意が必要なのは、このうち**成長投資枠は１２００万円**まで、という決まりがあること。成長投資枠は一般ＮＩＳＡの発展形ですので、投信以外にも株やＥＴＦ、ＲＥＩＴが買えます。仮に「自分は株式投資が好きなので株だけを買い、投信は買わない」という人がいたら、その人の場合は１８００万円ではなく最大で１２００万円までしか非課税運用ができないことになります。

一方、つみたて投資枠はつみたてＮＩＳＡの発展形ですので、今、つみたてＮＩＳＡの対象になっている投信が24年以降もそのままつみたて投資枠の対象になると考えられます。そしてつみたてＮＩＳＡの対象投信は、オーソドックスなインデックス型の投信が多いので成長投資枠の中でも普通に買えます。つまり、**生涯投資**

枠の１８００万円全てを株で埋めることはできないが、つみたてＮＩＳＡの対象投信で埋めることは可能だ、ということなのです。この点も、「新ＮＩＳＡはどちらかと言えばつみたてＮＩＳＡの色が濃い」と思うゆえんです。

なお、誤解がないように書き添えておきますが、新ＮＩＳＡの年間非課税枠の３６０万円、生涯投資枠の１８００万円というのはあくまで上限であって、ガンガン投資してそれを使い切らねばならないというわけではありません。ごく稀にですが、今の一般ＮＩＳＡの非課税枠が年１２０万円だと言うと「私は１２０万円も持っていないから、ＮＩＳＡでの投資はできない」と言う人がいます。いやいや、１２０万円というのは投資に必要なお金の額ではなく単なる上限で、毎月の積立額は５０００円でも1万円でもいいのですよ。

それと同じで、24年以降も年間３６０万円も積み立てなければならないわけではありません（というより、月に30万円も積み立てができる人は少ないでしょう）。普通の生活者なら、自分に出せる額をコツコツ積み立てていって、リタイア時に元本の合計が１８００万円になるべく近づいていればいいな、くらいのイメージで十分です。

生涯投資枠は「売れば翌年、回復する」

今のＮＩＳＡでは短期売買を防ぐため、非課税枠の中で買った商品を売却しても、枠は消滅してしまって使えません。ところが新ＮＩＳＡではここも見直され、売った翌年ではありますが、**生涯投資枠が復活する**ようになります。それを再利用して新たな商品で非課税運用できるわけです。

例えばＡさんが、長年かかってつみたて投資枠で１０００万円分の投信と、成長投資枠で８００万円分の株を持つにいたったとしましょう。生涯投資枠はいっぱいなので、もう新たな商品を非課税で運用することはできません。ここでＡさんが、５００万円で買ったＢ社の株が値上がりしたので７００万円で売却したとします。そうすると翌年、生涯投資枠に５００万円の空きができ、その分だけまた新たな投資ができるようになります（元本ベースで管理するので空くのは５００万円で、株の売値の７００万円ではないことに注意してください）。

ただ、枠が空いたその年のうちに５００万円分が全部使えるわけではなく、投資に使えるのは３６０万円まで。「つみたて投資枠の非課税枠は年１２０万円、成長投資枠は年２４０万円」ですので、そちらに縛られるわけです。

この改善により、ＮＩＳＡでも売却して利益を出すのにためらいがなくなります。これは非常にいいことです。第7章でも述べますが、これまでのＮＩＳＡ投資では枠の消滅の問題もあって「売ることはあまり考えず、とにかく長く持ち続ける」傾向がありました。このせいで絶好の売り時を逃すこともあったでしょう。でも、「プラスが出ている時に株や投信を売って利益確定（利確）する」のは、投資家としては当たり前の行動なのです。一方、売った年の翌年まで枠が空かないというのも特に問題ではなく、ＮＩＳＡの本質（長期投資）から考えれば妥当だと思います。

買える商品がどう変わるのかはまだ少し不透明

ただ、24年からの新ＮＩＳＡで実際にどうなるのか、まだハッキリ見えていない部分はあります。それは「成長投資枠でどんな商品が買えるのか」です。

今の一般ＮＩＳＡの特徴は、証券会社が扱っている主なリスク商品のほとんどを買えることだと前に書きました。しかし、その中には実は個人の長期での資産形成には不向きなものも入っています。金融庁もそこを重視しており、新ＮＩＳＡの成長投資枠で買える商品は「上場株式・投資信託等」としながらも、「ただし以下のものを除く」という条件を付けています。

それが「**①整理・監理銘柄②信託期間20年未満、高レバレッジ型及び毎月分配型の投資信託等を除外**」という一文です。

①は株の話で、不正会計などの不祥事や極端な業績悪化により、上場廃止基準に引っ掛かりそう（倒産しそう）な会社の株は、証券取引所が「整理・監理銘柄」に分類し、「そろそろ上場廃止で取引できなくなる可能性が高い銘柄ですよ」ということを投資家に示すのです。我々コツコツ投資家がそんな株をあえて買う必要はないので、これは当然の処置ですね。

②は投信の話で、３つのことが書かれています。

まず「信託期間20年未満の投信を除外」というのは、いわゆる**テーマ型投信を外すのが狙い**と見られます。これまで投信業界では、何かブームになる動きがあるとそれに合わせた投信を作って大量に売り、ブームが去ると基準価額が下がって資金も流出、その投信は短命に終わる……ということが繰り返されてきました。古くは女性活躍ファンド、ＳＲＩ（社会的責任投資）ファンドなどがテーマ型投信の代表例で、少し前なら米国ＩＴファンド、今だとＡＩ（人工知能）ファンド、５Ｇファンド、自動運転ファンドなどでしょうか。

これらが全て悪い投信だというわけではなく、中にはＥＳＧ（環境・社会・企業統治）ファンドのように息の長いブームになりそうなものもあります。ただ、世の中で何かがブームとなり新聞やニュースで取り上げられる時には関連銘柄はすでに高値になっていることが多く、そのタイミングで設定された投信は結果的に高値づかみになっていることが多いのですね。手数料も高く、金融機関の勧誘が問題になるのもこのタイプです。多くの意味で長期投資向きとは言いにくいため、今回この文言を入れてきたのでしょう。

次の「高レバレッジ型」というのは**ブルベア型投信**（ＥＴＦにもあり）とも呼ばれ、日経平均株価などの指数が１動くと投信の基準価額（株で言えば株価に相当する、投信の価格のこと）が2～4倍など大きく動くものです（レバレッジとはテコの原理のこと）。相場が上がるという強気の予想をするのがブル、逆がベアで、予想通りになった場合は基準価額も指数より大きく動くので有利ですが、予想が外れるとマイナスも2～4倍の大きさで食らうことになるため、初心者にはおすすめできません。そもそもこのタイプの投信は指数が上下して最後に元の水準に戻っても、投信自体の基準価額はずっと下がり続ける構造になっており、長期で持ち続けるのに不向きなのです。

最後の「**毎月分配型**」は少し前に高齢者に多く買われた投信で、運用益が出たら毎月それを投資家に分配するというものです。高齢者が年金の補完や生活費としてこの分配金に期待していたのですが、実際には運用益ではなく、元本を取り崩して分配金にあてる、いわゆる「タコ足配当」が多かったことが後に判明しました。分配金を出すほどに基準価額は下がっていきますので、１万円からスタートしたのに今では基準価額が２０００円台、１０００円台という悲惨な状況の投信もあります。そもそも現役で収入のある若い世代が、複利効果の見込めないこのタイプの投信を買う必要性は全くなく、金融庁もかねてこれを問題視していました。除外は当然でしょう。

他にも外国債券をデリバティブ（金融派生商品）を使って運用する複雑な仕組みのアクティブ投信が外されたりして、結果的に成長投資枠で買える投信は全体の３分の１の２０００本ほどに減ると見られます。選択肢は減りますが、こう見てくると除外されたのは「長期投資向きとはとても言えない投信」が多いので、投資初心者としてはかえって選びやすくなったと言えそうです。ただ、具体的にどの投信が買えるのか現状ではリスト化されてもいませんし、今後新たに除外される商品が出てくるかもしれません。ここは24年に向けてウォッチしておきたいところです。

今、NISA口座のある人はどう手続きするのか

最後に手続き的な部分をまとめて見ていきましょう。すでにＮＩＳＡ口座を持っている人が気になるのは、新ＮＩＳＡを使うために何かする必要があるかということでしょう。答えは「ＮＯ」で、**24年になれば自動的に今のNISA口座が、つみたて投資枠と成長投資枠を備えた新NISA口座となります。**これは手軽でいいで

すね。なおこの本では区別する必要上「新ＮＩＳＡ」と書いていますが、24年になればＮＩＳＡは一本化されますので、おそらく「新」が取れたただの「ＮＩＳＡ」と呼ばれるのではないでしょうか。

　また今のＮＩＳＡで運用している商品を一旦売却する必要もなく、新ＮＩＳＡの１８００万円とは別枠で、一般ＮＩＳＡは最長5年間、つみたてＮＩＳＡは20年間持ったままでいられます。ただ、5年や20年がすぎた時にそれをロールオーバーして新ＮＩＳＡに非課税のまま移管することはできません。売却はいつでも自由にできますので、非課税運用が終わるまでに売って現金化するのがいいでしょう。

　ジュニアＮＩＳＡは制度自体が23年で終わりますが、前にも書いたように24年以降に非課税投資期間の5年が終わるものは、子どもが18歳になるまで非課税で持ち続けることができます。こちらも慌てて売ってしまわなくても大丈夫です。

　もう1点、金融機関の変更はどうでしょう。今のＮＩＳＡではジュニアＮＩＳＡを除き、利用する金融機関を年単位で変更することができます。実際にはかなり面倒くさい手続きになるのでそう頻繁に変える人はいないと思いますが、新ＮＩＳＡでも「金融機関の変更は可能」とされています。ただ、A銀行で新NISAの投資をしていた人が翌年B証券に変更するという場合も、A銀行で買った商品を売ってNISA口座を閉じてからB証券に移る必要はありません。これから先の新規の投資はB証券でしていくことになりますが、以前のA銀行のNISA口座や資産はずっと残しておくことができます。

さて、ここまで新NISAの改善点を見てきましたが、皆さんの印象はどうでしょうか。NISAの誕生から見てきた私には、「ついにここまで便利な制度になってくれたか」という感慨と、24年に向けた期待があります。理想の制度はできました。後は皆さんが資産形成を「やるか、やらないか」だけなのです。

まとめ

- **恒久化後の新NISAではこれまで使いにくかった部分が全て改善される。**
- **中でも非課税枠の拡大と、2種類のNISAが併用できるのが大きい。**
- **成長投資枠の商品は今より制限される。新NISAへの移行は手続き不要。**

column

「NISA」って何の頭文字？

NISAが登場したのは2014年1月のこと。前年の13年からいろいろと動きがあり、2月に同僚である金融関連の記者やジャーナリスト、FPなどが十数人で英国へ視察に行っていたというのが私の一番古い記憶です。

というのは、NISAは英国のISA（Individual Savings Account＝個人貯蓄口座、1999年に誕生）を参考に作られたからです。そのため下の資料のように当初は「日本版ISA」と呼ばれており、ISAの前に日本のNを付けて愛称が「NISA」と決まったのが13年4月末のことでした。

なぜこの非課税制度が始まったのか、背景は3つほ

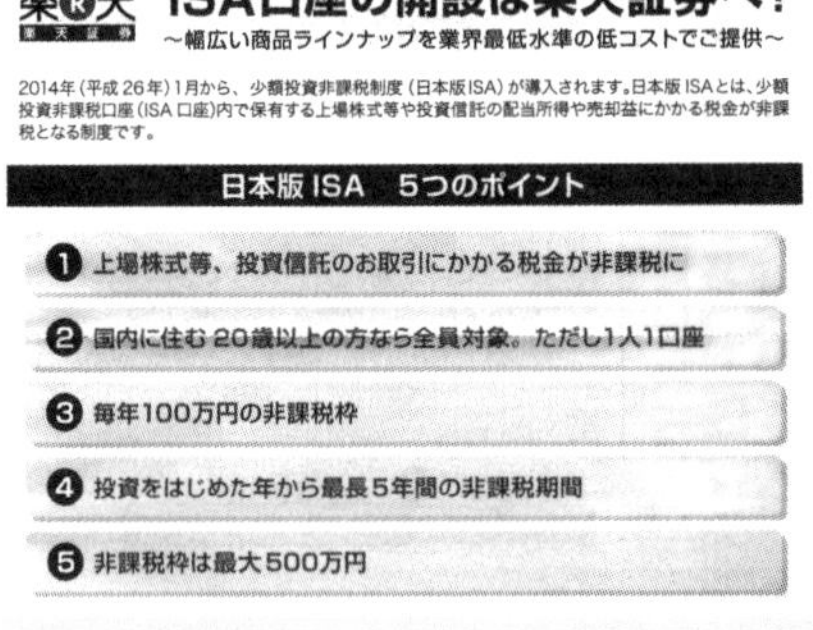

楽天証券

ISA口座の開設は楽天証券へ！

～幅広い商品ラインナップを業界最低水準の低コストでご提供～

2014年（平成26年）1月から、少額投資非課税制度（日本版ISA）が導入されます。日本版ISAとは、少額投資非課税口座（ISA口座）内で保有する上場株式等や投資信託の配当所得や売却益にかかる税金が非課税となる制度です。

日本版ISA　5つのポイント

❶ 上場株式等、投資信託のお取引にかかる税金が非課税に

❷ 国内に住む20歳以上の方なら全員対象。ただし1人1口座

❸ 毎年100万円の非課税枠

❹ 投資をはじめた年から最長5年間の非課税期間

❺ 非課税枠は最大500万円

2013年に筆者が受け取った楽天証券からのダイレクトメール

どあります。

1つ目は日本人の資産はリスク商品よりも現預金に偏っているので、「貯蓄から投資へ」という流れに沿って、国民がリスク商品に投資しやすくなる制度が求められていたこと。2つ目が国民の投資を通じて企業に資金が供給されるようになり、経済が活性化する「国の成長戦略」としての期待があったこと。3つ目が、株式投資にかかる税金には03年から10％という軽減税率が適用されていたのが13年末で終わってしまい、本来の20％に上がってしまうため、投資家に対する激変緩和措置としてこの制度が導入された——ということです。

ただ14年1月のスタート時点では非課税枠は100万円まで、投資期間も5年というもので、あまりいい制度とは言えませんでした。業界団体やメディアから一斉に「期間限定では使いにくい。将来は恒久化を目指すべき」という声が上がったものです。その後16年4月にジュニアNISAができ、18年1月につみたてNISAが登場したため、当初のものを一般NISAと呼んで区別するようになりました。

つみたてNISAはこの中で最後に登場したこともあって非課税期間が20年と長

く、対象商品が長期の積み立てに適した投信に絞り込まれていたため、「これなら長期の資産形成にかなり使える」とメディアや投資家から高く評価されました。これにより実際のＮＩＳＡ利用者も増えました。この時の改善をさらに延長し、制度を恒久化して非課税枠も大幅に拡大したのが24年からの新ＮＩＳＡなのです。

こうして歴史を振り返ってみると、ＮＩＳＡは国民の資産形成を後押しするために外国の制度まで研究して作られ、少しずつ改善が続けられてきた「私たちのための非課税制度」であることが分かると思います。使わない手はありません。（大口）

第3章

正直FPがすすめる賢いNISA活用法

菱田雅生

改正してからでいっか……はダメ！
今日からＮＩＳＡ開始のススメ

２０２４年からの新ＮＩＳＡが「神改正！」と言われた理由、なんとなく分かりましたか？

新幹線に例えるなら、従来の「のぞみ」でも東京・大阪間の所要時間は約2時間半と十分速かったのですが、ついに「リニア中央新幹線」が開通し、東京・大阪間の所要時間が約1時間に大幅短縮された感じです。

もともとＮＩＳＡは非課税パワーをはじめ、スゴくて魅力的なんです。まさに、超ド級のスケールアップと言ってもいいでしょうね。

２０２３年のＮＩＳＡ、どっちを使う？

新ＮＩＳＡのスタートは24年1月です。では、23年のＮＩＳＡはどうしましょうか。結論からいうと、**せっかく使える非課税枠ですのでフル活用**しましょう。

なぜかというと当然非課税でお得だからですが、一番の大きな理由は、23年分の非課税投資枠は、どんなに使っても24年からの新ＮＩＳＡの生涯投資枠１８００万円には全くカウントされないからです。これを放置するのはもったいないです。

では、現行制度のラストイヤーである23年のＮＩＳＡは、どのように使うのがベターでしょうか。非課税枠は一般ＮＩＳＡが年間１２０万円まで、つみたてＮＩＳＡが年間40万円までで、どちらか一方のみ利用できる選択制になっているので、どちらを選ぶべきか、という話です。

基本的な考え方としては、「元本（元金。元となるお金。投資金額）が大きい方が利益も大きくなる可能性が高いので、非課税のメリットが大きくなる方を選びたい！」と思うなら、一般ＮＩＳＡで年間１２０万円の限度額いっぱいまで投資することを目指すべきでしょう。

例えば、左の図のように平均して年５％で運用できた例で見てみましょう。

一般ＮＩＳＡを使って元本１２０万円を運用すれば（途中で新ＮＩＳＡにバトンタッチするため、一旦売って同じ商品を買い直すとします）、20年後の元本と利息の総額は約３１８万円になります（利益約１９８万円、税額約40万円）。

つみたてＮＩＳＡで元本40万円を運用すれば、20年後の総額は約１０６万円（利益約66万円、税額約13万円）。

同じ５％の運用でもかかる税金は40万円か13万円かで違いがありますが、ＮＩＳＡの力でどちらかを非課税にするなら、当然40万円の方ですよね。なので、基本的には一般ＮＩＳＡ優先でいいでしょう。

ちなみに、一般ＮＩＳＡの非課税期間は最長５年（23年中に買ったものは27年末まで）で終わります。同じ商品（銘柄）を非課税で保有し続けたい場合は、この図のように一旦売却して現金にしてから新ＮＩＳＡで買い直せば、買値は最初に一般ＮＩＳＡで買った時とは違ってしまいますが、非課税での保有を続けられます。

なお、もともと投資できる金額が年間40万円を超えない人は、つみたてＮＩＳＡ

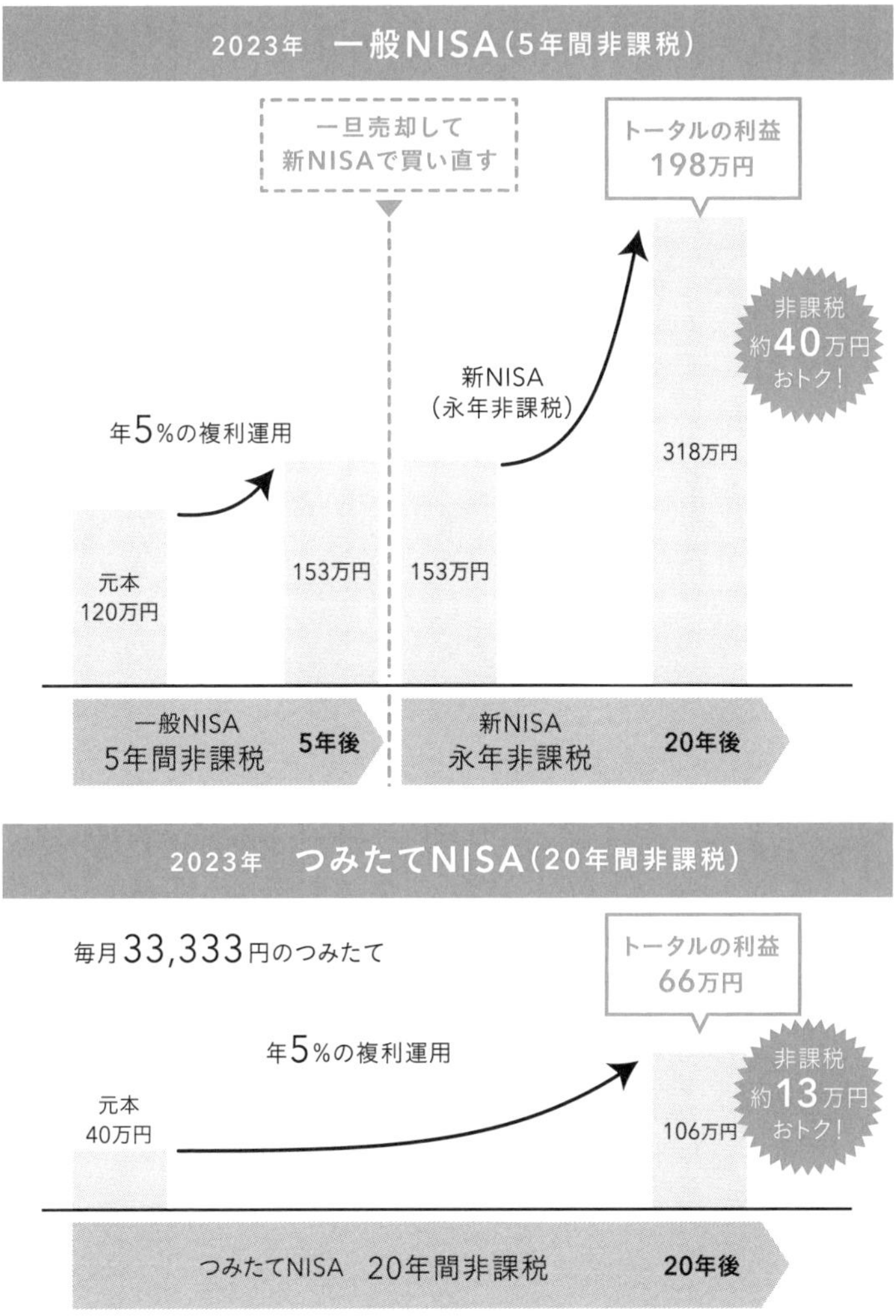
2023年　一般NISA（5年間非課税）
一旦売却して
新NISAで買い直す
トータルの利益
198万円
非課税
約40万円
おトク！
新NISA
（永年非課税）
年5%の複利運用
318万円
元本
120万円
153万円
153万円
一般NISA
5年間非課税
5年後
新NISA
永年非課税
20年後
2023年　つみたてNISA（20年間非課税）
毎月33,333円のつみたて
トータルの利益
66万円
年5%の複利運用
非課税
約13万円
おトク！
元本
40万円
106万円
つみたてNISA　20年間非課税
20年後

でも全く問題ありません。非課税期間の20年間を有効に使いましょう。

18歳未満の子がいるならジュニアＮＩＳＡも！

それから、23年末をもって完全に終わってしまうのが、18歳未満を対象としたジュニアＮＩＳＡです。こちらの非課税投資枠は一般ＮＩＳＡより小さい年80万円ですが、それでもせっかくこれだけの非課税枠があるのに、使わないのはもったいない話です（子ども1人当たり80万円なので2人なら160万円になる）。**18歳未満の子どもがいる人は、子ども名義のジュニアＮＩＳＡ口座を開いて投資してみる**といいでしょう。

第2章にもあるようにジュニアＮＩＳＡの利用者が増えなかった要因の1つが、子どもが18歳になるまで資金を引き出せない点でした。しかし、このルールも24年からは撤廃され、いつでも資金を引き出すことができるようになりますのでご安心ください。

さらに、ジュニアＮＩＳＡの非課税期間は5年ですが、5年を超えても子どもが

18歳になるまでは非課税で保有し続けられます。仮に1歳で口座を作ったら、18年近く非課税で保有し続けられるわけです。これも使わないのはもったいないでしょう。

ウサギとカメは、やっぱりウサギの方が早い？

では次に、24年からの新ＮＩＳＡの賢い使い方を考えてみましょう。利用者の年代やライフスタイル別の投資プランは第5章で詳しく解説しますので、ここでは基本的な考え方をおさらいします。

新ＮＩＳＡには、つみたて投資枠（年間１２０万円）、成長投資枠（年間２４０万円）の合計３６０万円の非課税投資枠があります。そして、非課税期間は無制限。ただし、生涯投資枠が全部で１８００万円まで（うち成長投資枠は１２００万円まで）という制限があります。

先ほども見たように元本が大きい方が利益も増えるので、非課税のメリットも大きくなりますよね。ならば、**生涯投資枠の１８００万円はできる限り使い切った方が**

お得だということになります。

使い切るための考え方は2通りあります。ウサギ作戦とカメ作戦です。

【ウサギ作戦】手元にある貯金も使い、とにかく早く合計１８００万円を投資する

【カメ作戦】コツコツ積み立てて、時間をかけて合計１８００万円を投資する

では、このウサギとカメ、どちらが有利なのかを試算してみましょう。

細かくいうとウサギ作戦は、手元にある貯金なども取り崩して毎月30万円（年間３６０万円）の積み立てを行い、最速の５年間で生涯投資枠１８００万円に到達させる作戦。一方のカメ作戦は、毎月５万円（年間60万円）の積み立てを行い、30年かけて生涯投資枠１８００万円に到達させる作戦です。

積立期間中も積立終了後も、同じ年５％で複利運用ができるものとして計算すると、30年後には総額で

ウサギ作戦＝６９３８万円

カメ作戦＝４１７９万円

実際はどっちがお得？

ウサギ作戦

手元の貯金も使い**とにかく早く**
合計1800万円投資

カメ作戦

コツコツ積み立て**時間をかけて**
合計1800万円投資

ウサギ作戦　とにかく早く合計1800万円投資

例　新NISAの**成長投資枠+つみたて投資枠を最大限に利用**した場合
毎月30万円の積み立て年5%で運用できるとすると・・・

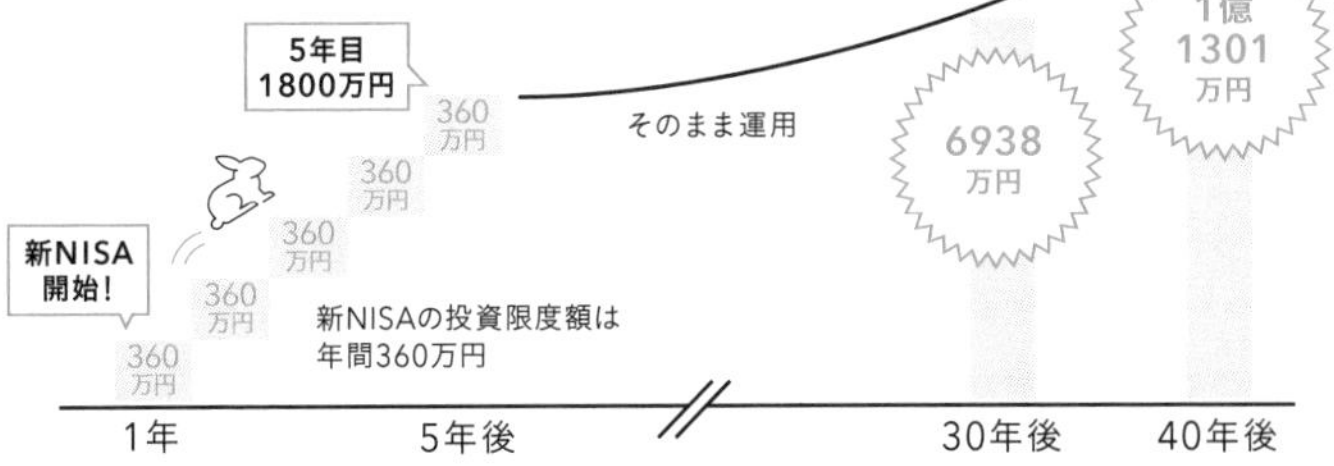

カメ作戦　ゆっくり合計1800万円投資

例　新NISAの**つみたて投資枠のみ使用**した場合
毎月5万円の積み立て年5%で運用できるとすると・・・

となります。元本は同じ１８００万円でも、30年間で約２８００万円の差になることが分かります。

さらにその後10年間、同じ条件で運用を続けると40年後の総額は、

ウサギ作戦＝１億１３０１万円

カメ作戦＝６８０７万円

となります。40年間だとその差は４５００万円近くになり、ウサギの効率の良さは圧倒的と言えます。これは１８００万円に到達した後、５％で運用できる期間が、ウサギの方が長いことによります（カメはゆっくりと１８００万円に近づいていき30年目の最後に１８００万円になるので、大きな額が５％で運用できる期間がウサギより短くなる）。

今の試算は、１８００万円の限度額まで投資できる前提で行いましたが、投資額が３分の１の６００万円だったとしても同じです。単純に投資効果だけで見ると、少ない金額を長期間積み立てるよりも、**なるべく多くの金額を早く投資した方が、基本的には有利**だということを知っておきましょう。

ただ、これからＮＩＳＡで投資を始めようという若い世代の人などは、最初からあまり多くの額を積み立てられないと思います。その場合は無理をする必要はないので、月５０００円でも１万円でも、自分の可能な額で始めてもＯＫです。

しかし今の試算の通り「投資効果で見ると、できる限りウサギ作戦を目指した方が効率がいい」ということは頭に置いておくべきです。その後、給料が増えたり副業を始めたりして余裕ができたらなるべく積立額を増やして、頑張って生涯投資枠を使い切ることを目指しましょう。

つみたて投資枠と成長投資枠、どちらを優先する？

次は、ＮＩＳＡで実際に何を買うのか、といった商品選びにも影響してくる話に移りましょう。それは、つみたて投資枠と成長投資枠で、どちらの枠から優先的に使っていくべきか、ということです。

それぞれの枠で利用できる商品は次ページの図の通りです。

つみたて投資枠で買える商品は、現行のつみたてＮＩＳＡ対象商品と同様、金融庁が定めた一定の基準を満たした投資信託になると見られます。23年4月7日時点では２２５本に限定されています。

一方、成長投資枠で買える商品は、国内上場株式、海外上場株式、株式投資信託、ＥＴＦ（上場投資信託）やＲＥＩＴ（不動産投資信託）など。63ページのように投信の本数が3分の1程度に制限されるとしても、商品数は全部で軽く1万銘柄を超え、幅広い範囲で選べます。

しかし、初心者が利用するなら**優先すべきなのは、つみたて投資枠**でしょう。

つみたて投資枠と成長投資枠

つみたて投資枠
(初級者コース)

○利用できる商品

長期の積立・
分散投資に適した
つみたてNISA専用
投資信託

2023年4月7日時点
225本

※金融庁が定めた基準を満たした投資信託のみ

×利用できない商品

つみたてNISA
専用以外の
全ての商品

成長投資枠
(中上級者コース)

○利用できる商品

国内上場株式
海外上場株式
株式投資信託
ETF
REIT
など

※整理・監理銘柄、高レバレッジ型ファンド毎月分配型ファンド等を除く

×利用できない商品

預貯金

債券

FX

金・プラチナ

暗号資産(仮想通貨)

その理由は3つあります。

1つ目は、つみたて投資枠で買える商品は、金融庁の基準を満たした低コストの投資信託が中心だから。

2つ目は、つみたて投資枠で買える商品は、成長投資枠でも買えるから。つまりつみたて投資枠で買える商品をあらかじめ選んでおけば、年間360万円の限度額までフルに投資できるからです。

3つ目は、資産形成の王道である「長期・分散・積立投資」を目指すなら、つみたて投資枠を使い、低コストのファンドを毎月積み立てていくのが非常にリスクも低く、誰にでも実践できると考えられるから。仕事をしている人の場合、1日中マーケットに張り付いて売買しているわけにはいきませんが、毎月のコツコツ積立投資なら働きながら無理なく資産形成ができます。

スキーやスノボに例えるなら、つみたて投資枠はなだらかな初級者コースで、成長投資枠で個別株やREITを買うというのは急な斜面を滑り降りる中上級者コース、といったところでしょうか。

投資経験の少ない人ほど、まずは焦らずに初級者コースから始めていきましょうね。

まとめ

- **２０２３年のＮＩＳＡはフル活用すべき。ジュニアＮＩＳＡも使える人は使おう。**
- **新ＮＩＳＡはウサギ作戦が強い。できるだけ早く１８００万円到達を目指そう。**
- **つみたて投資枠と成長投資枠は、つみたて投資枠を優先的に使っていこう。**

column

ＮＩＳＡで「損が出た時」どうするか。そして「いつ始めるのがいいのか」

ＮＩＳＡは有利で便利な非課税投資制度ですが、「これを使って投資すれば損が出ない」わけではありません。ＮＩＳＡでも損は十分あり得ます。

ＮＩＳＡの中では株や投資信託など、元本保証がなく毎日値動きのあるリスク商品を買っていきます。そうするとどんな有名企業の株でも、世界中に分散投資する投信でも、短期的に値下がりすることはあるのです。時には巨大な金融ショックが市場を襲い、多くの資産が急落することだってあります。そんな時は、あなたがＮＩＳＡ口座で買った株や投信も値下がりが避けられません。

でも、それはお金が本当に減ってしまったのとは違っていて、計算上、あなたの資産が赤字になっている「含み損」の状態です。過剰におびえなければ何事もありません。しかしそこで怖くなって投資をやめ、一番安い「底値」で株や投信を売ってしまうと、含み損が「実現損」になり本当の損が出ます。もしその後に相場が急回復したとしても、もはや手も足も出ません。

　これは考えられる中で最ももったいない行動です。過去の金融ショックを歴史的に振り返ると、急落した相場はだいたい5年ほどで元の水準に戻っています（192ページのグラフ）。したがって積み立てをやめずに長期で続ける限り、いずれはあなたの株や投信の価格も元に戻ることが期待できるのです。金融庁も、投資期間が5年だと運用成績はマイナス8〜14%に散らばり、赤字が出ることもあるが、期間が20年に延びると成績は2〜8%と「ほぼプラスで終わる」というデータを公表しています（下のグラフ）。

運用する期間が長くなると成績は安定する

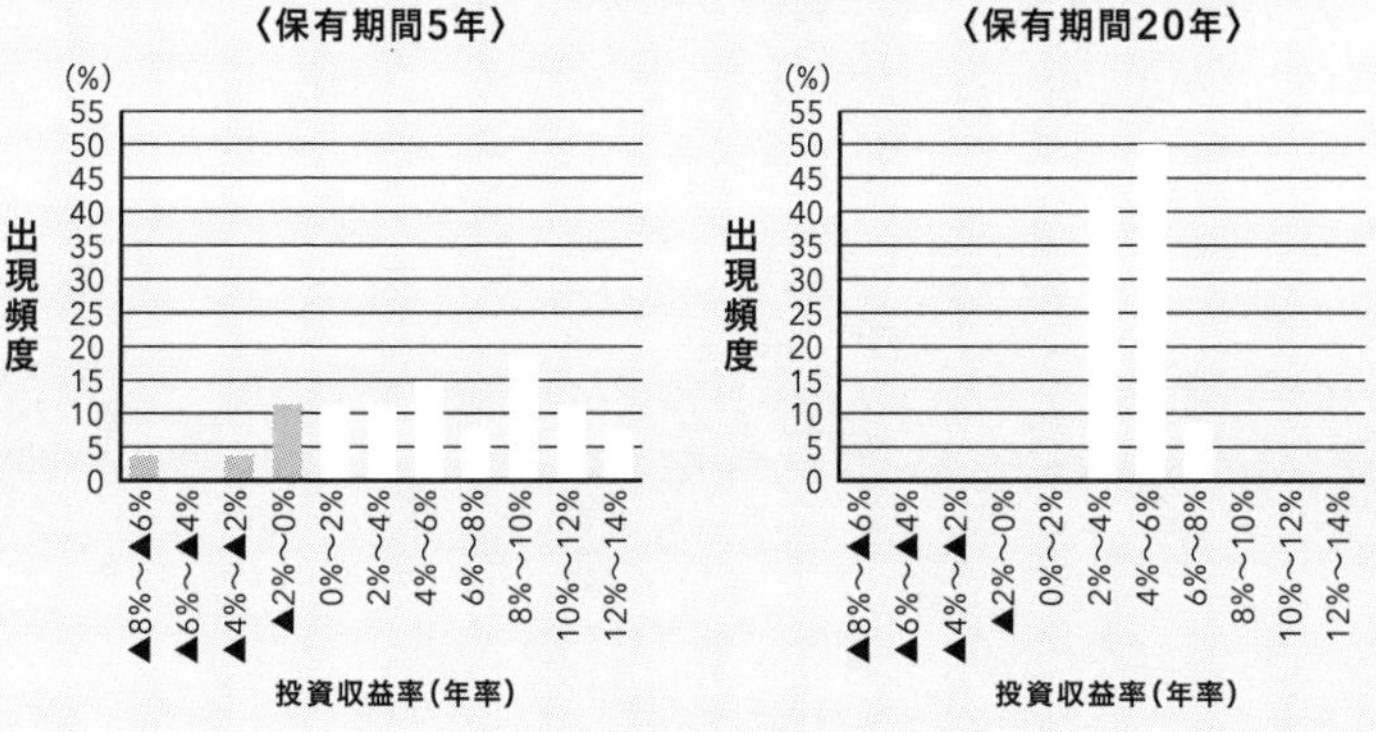

金融庁「平成27事務年度　金融レポート」をもとに作成

ですので、ＮＩＳＡに限らず積立投資はできるだけ早く始め、運用期間を長く取った方がプラスの成績で終われる可能性が高くなります。いわゆる「時間を味方に付ける」考え方ですね。

また、投資のベストタイミングを図るのは非常に難しいことです。投資初心者は株なら「何かあって株価が下がったところで、できれば底値で買いたい」と考えがちです。そうすればすぐプラスが出そうなので、気持ちは分かります。でも金融ショックの真っ最中に本当の底値で買うなんて、プロの投資家でも怖くてなかなかできないことなのです。またアベノミクス相場が始まってから、あるいはコロナショック以降の上昇相場のように、「上がる一方で下がる局面がほとんどない」時もあります。

なので「買うタイミングを図る自信がない」初心者は、そもそもそれを考えなくてもいい積立投資を選び、一刻も早く始めるのが資産形成の成功の条件と言えます。「価格が変動するものを積み立てで買っていくなら、いつ始めてもいいのだ」と覚えておきましょう。（大口）

第4章

【正直FP的】選ぶべき金融機関と商品はコレ！

菱田雅生

選択肢多すぎ時代でも、迷わないための「見分け方」

それにしても、いい時代になりましたね～。証券業界を30年ほど見てきた私（菱田）からすると、これから投資を始めようとしている人にとっては、すごく恵まれた環境だと思っています。

少しだけ昔話をしていいですか？

今から30年ほど前、私が、今はなき大手証券会社である山一証券に勤めていた頃（1993年4月～98年2月）は、どの金融機関で口座を作っても、利用者にとっての違いはあまりありませんでした。なぜなら、商品やサービス、手数料などは横並びで、ほとんど差がなかったからです。株式の売買手数料も証券取引所が決めていたので、どこの証券会社で取引しても支払う手数料は同じだったのです。

インターネット取引口座数の推移

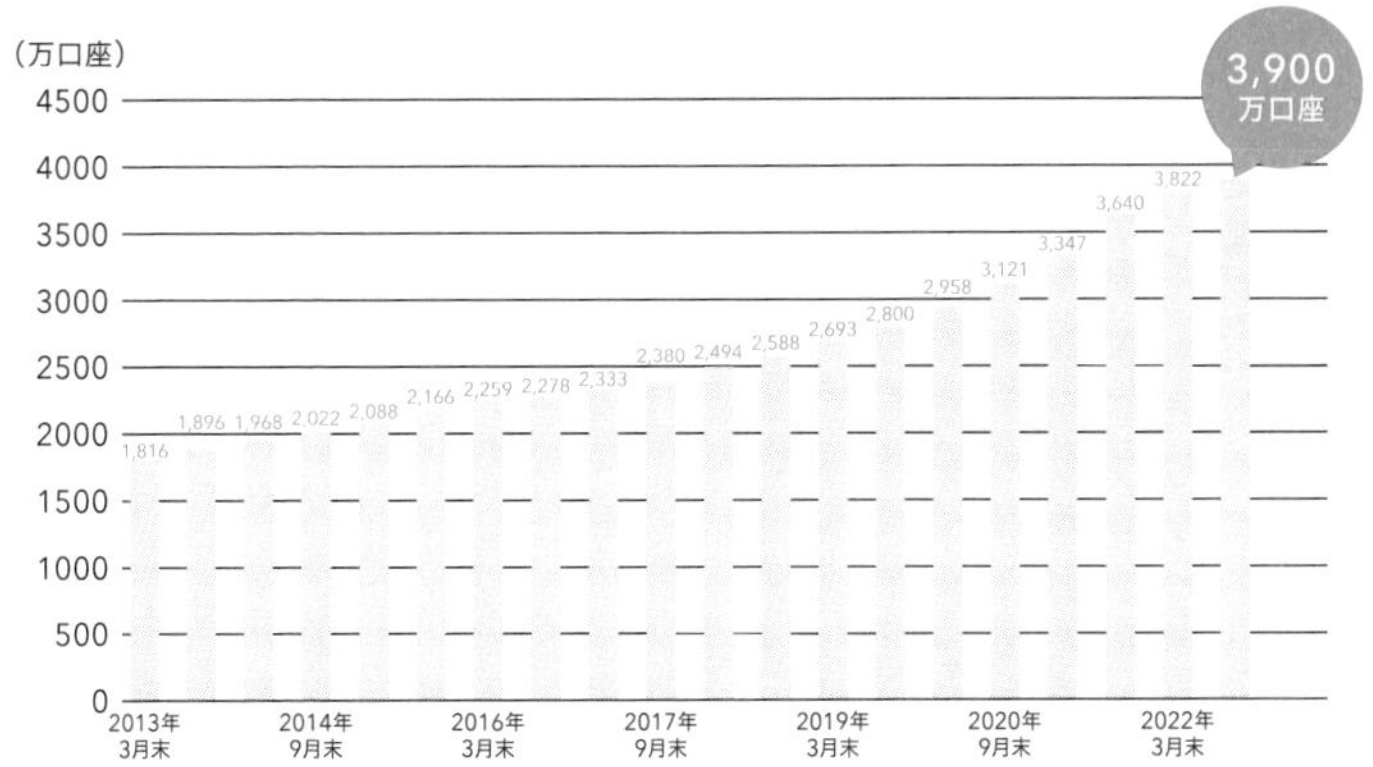

日本証券業協会「インターネット取引に関する調査結果（2022年9月末）」をもとに作成

ところが、96年から２００１年にかけて行われた「金融ビッグバン」（もはや、ポケベル以上に忘れ去られた言葉かも？）によって、金融業界の大規模な規制緩和・自由化が行われ、横並びが一気に崩れました。

そして同じ頃、インターネットの爆発的普及によって、ネット銀行やネット証券が登場してきました。

上のグラフは、日本証券業協会の調査によるインターネット取引口座数の推移です。直近10年間で、ネット取引口座数は2倍以上に増加していることが分かります。現在では、金融取引もスマホで行うのが当たり前になりましたね。

では、そんな令和時代の金融機関や商品選びのポイント、そして、正直ＦＰがおすすめする具体的な金融機関や商品について触れていきましょう。

金融機関選びで外せないポイントとは？

皆さんにとって身近な金融機関というと、銀行や郵便局（ゆうちょ銀行）、信用金庫、労働金庫、ＪＡバンク、証券会社、保険会社などが挙げられるかと思います。

ＮＩＳＡ口座は、これらの金融機関のほとんどのところで作ることができます。

でも、**これからＮＩＳＡ口座を作るなら、ズバリ証券会社がいい**と思います。他の金融機関は絶対にダメ、というわけではありません。私が元証券マンだから証券会社をひいきしている、というわけでもありません。明らかに他と違う点として、証券会社でしか買えない商品（株式、ＥＴＦ、ＲＥＩＴなど）があるからです。銀行や信金では株は買えませんが、逆に証券会社なら銀行などが扱う投信はたいてい買えます。

なので、ここでは「金融機関選び＝証券会社選び」だと思ってください。

では、そんな証券会社選びのポイントを見ていきましょう。

証券会社選びの3つのポイント

POINT 01 手数料の安さ

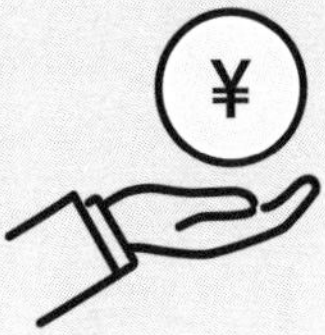

- 株式の売買手数料
- 投資信託の申込手数料
- 投資信託の運用管理費用（信託報酬）
- 入出金手数料 など

POINT 02 取り扱い商品・サービスの豊富さ

- 普通株式、単元未満株式
- 投資信託の積み立て
- 外国株式、外国ETF
- るいとう
- IPO

POINT 03 使いやすさ、お得さ

- WEBサイトの使いやすさ
- 入出金のしやすさ
- ポイント付与などのメリットの有無

など

【ポイント１】手数料の安さ

資産運用において、手数料の負担は、運用利回りをマイナス方向に引っ張るもの。商品内容に大きな違いがないなら、とにかく**手数料の安さを重視すべき**です。

例えば、元本１００万円の投資で年５％で運用できたとすると、利益は５万円になります。しかし、投資信託では運用管理費用（信託報酬）といって、残高に対して一定率で手数料がかかります。これが年１％だと１万円、年０・１％だと１０００円が投信を持っている間、ずっと差し引かれます。

手取りでは一見、４万円と４万９０００円の違いです。でもこれが、10年、20年、30年と長期運用になると、大きな違いになってくるわけです。

最近ではネット証券を中心に、株の売買手数料は「一定金額まで無料」「ＮＩＳＡ口座で国内株の売買なら全て無料」など、かなり安くなってきました。投信の信託報酬も値下げ競争が進みましたが、商品ごとに異なりますので、きちんと比較検討することが重要です。

【ポイント２】取り扱い商品・サービスの豊富さ

つみたてＮＩＳＡ専用ファンドで積立投資をしていくだけであれば、取り扱い商品・サービスの豊富さは、それほど重要ではありません。しかし、次第に慣れてくるともっと多くの商品に投資してみたいと思うようになるもの。

その意味で、普通株式（１００株単位で売買できる株式の個別銘柄）や外国株式、外国ＥＴＦなどはほとんどの証券会社で同じように取引できます。ただし、るいとう（株式の個別銘柄を積み立てで買える制度）や単元未満株（1株単位や10株単位で売買できる制度）が簡単に買えるか、小口の投資家でもＩＰＯ（新規公開株式）に当たるチャンスがあるかなどは、証券会社によってかなり差があります。それらを利用してみたいと思うなら、**取り扱い商品やサービスが充実しているところを選ぶべき**でしょう。

【ポイント3】使いやすさ・お得さ

ＷＥＢサイトの使いやすさや入出金のしやすさは、実際に使ってみないと分からないので、複数の証券会社で口座を開いて、使ってみるのが一番でしょう。口座を開くだけなら無料ですので、**まずは口座だけ開いてみる**のも1つの方法です。「一般口座」と「特定口座」を選ぶ必要がありますが、確定申告不要も選択できる特定口座にしておけばいいでしょう。

ちなみに、ＮＩＳＡ口座が開けるのはその中の1カ所のみです。また一度でもＮＩＳＡ口座内で商品を買うと、その年は他の金融機関に変更できません。

それからネット証券を中心に、取引状況に応じてポイントが貯まるサービスを実施しているところがあります。例えば楽天証券だと、楽天カードや楽天キャッシュで投信を積み立てると楽天ポイントが付与されます。ＳＢＩ証券だと、Ｔポイントやｄポイント、Ｐｏｎｔａポイント、ＪＡＬのマイレージなどが貯まるようになっています。

自分が日頃の生活において**よく使うポイントが貯まる証券会社にＮＩＳＡ口座を開く**というのも、今どきの賢い選び方と言えるでしょう。

正直ＦＰがおすすめする証券会社5選

ではここで、証券会社選びのポイントを踏まえたおすすめ証券会社を5社、紹介しましょう（左の表）。

正直FPおすすめの証券会社5選

	普通株式 売買手数料	つみたてNISA対応 投信本数／手数料	投資信託 本数	特徴
SBI 証券	1日定額コース 300万円まで 0円 (25歳以下完全無料)	192本／0円	2684本 クレジットカード投信積立還元率最大5%※	海外株式は米国、中国、アセアンなど種類が豊富 (米国株手数料0円より) 単元未満株「S株」が取引できる **IPOの取り扱い数はトップ** 債券の取り扱い本数の多さ 住信SBIネット銀行との口座連携サービスで使いやすく金利がお得
楽天 証券	1日定額コース 100万円まで 0円	190本／0円	2634本 クレジットカード投信積立還元率最大1%※	海外株式は米国、中国、アセアンなど種類が豊富 (米国株手数料0円より) 単元未満株「かぶミニ」が取引できる WEBサイトやツールが使いやすい 楽天銀行との口座連携サービスで使いやすく金利がお得 楽天ポイントでポイント投資が可能
マネックス 証券	取引金額に応じて 55円～ 1070円	167本／0円	1331本 クレジットカード投信積立還元率最大1.1%※	海外株式は米国、中国の取り扱い (米国株手数料0円より) 米国株買い付け時の為替手数料0円 単元未満株「ワン株」が取引できる WEBサイトやツールが使いやすい **IPOが平等な抽選方法**
au カブコム 証券	1日定額コース 100万円まで 0円	189本／0円	1631本 クレジットカード投信積立還元率最大1%※	海外株式は米国株のみ取り扱い (米国株手数料0円より) 単元未満株「プチ株」が取引できる WEBサイトやツールが使いやすい auじぶん銀行との口座連携サービスで使いやすく金利がお得 Pontaポイントでポイント投資が可能
松井 証券	1日定額コース 50万円まで 0円 (25歳以下完全無料)	184本／0円	1677本 クレジットカード投信積立還元率最大0.5%※	海外株式は米国株のみ取り扱い (米国株手数料0円より) 単元未満株が取引できる 住信SBIネット銀行との口座連携サービスで使いやすい 投資信託の保有額に応じて毎月ポイント・現金が受け取れる

※還元率については各社ごとに細かな条件があるため、詳しくはWEBサイトなどでご確認ください

（2023年4月19日時点）

もちろん、この5社以外のところで口座を開いても問題はありません。逆に「いや、5つに絞ったとしてもよく分からない」という人は、まずはＳＢＩ証券か楽天証券の口座を開いておけばいいでしょう（両方で口座開設してもＯＫ）。商品の品揃え、手数料の安さ、初心者でも簡単に取引できるか、利用者数などから総合的に考え合わせると、この2つが有力候補になります。

このＳＢＩ証券か楽天証券かで迷ったら、日頃、楽天経済圏にいるのか（楽天ポイントを貯めているのか）どうかで判断してください。楽天をそれほど利用していないならＳＢＩ証券、よく利用しているなら楽天証券でいいと思います。

選ぶなら金融庁「お墨付き」の投資信託？

さて、証券会社の口座開設が終了し、肝心のＮＩＳＡ口座も作れました。

「で、何を買えばいいんですか？」

……ですよね（笑）。投資初心者の人から、よく質問されます。

では、ズバリ何を買えばいいか、見ていきましょう。

初級者コースは、**「つみたてNISA専用ファンド」から選ぶ**、です。

18年1月からスタートしたつみたてNISAは、「長期・分散・積立」という資産形成の王道の実践を支援するためにできた非課税制度でした。このため、つみたてNISAで使える商品は、金融庁が定めた下記の6つの要件をクリアした長期運用向きの投信と一部のETFに限定されています。

簡単に言えば、金融庁が「この商品なら初級者コースを走らせてもいいよ」と認定しているわけです。まさに「お墨付き商品」です。

金融庁が承認！
長期の積立・分散投資に適した
つみたてNISA専用ファンドの6つの要件

- 販売手数料はゼロ（ノーロード）
- 信託報酬は水準以下　国内株インデックスの場合0.5％以下
- 毎月分配でない
- 顧客への通知　過去1年間に負担した信託報酬の概算金額
- 信託契約期間が無期限または20年以上
- デリバティブ取引による運用を行っていないこと（ヘッジ目的の場合等を除く）

つみたてNISA専用ファンドの分類

つみたてNISA対象 2018年：103本 2023年：225本		投資先 国内のみ		投資先 国内＋海外		投資先 海外のみ	
		2018	2023	2018	2023	2018	2023
公募投信	株式型	31本	44本	2本	18本	31本	57本
公募投信	資産複合型	2本	5本	36本	92本	1本	2本
ETF		0本	3本	ー	ー	0本	4本

2023年4月7日時点

約4％の厳選ファンド

そんな特徴のあるつみたてＮＩＳＡ専用ファンドは、この5年の間に本数が2倍以上に増えています。18年1月のスタート時点では合計１０３本でしたが、23年4月7日時点では２２５本に倍増しているのです。

24年からの新ＮＩＳＡのつみたて投資枠で買えるファンドも、このつみたてＮＩＳＡ専用ファンドになると見られますので、今後も本数は増えていくかもしれません。

とはいえ、日本国内で一般に販売され

ている公募投資信託（「公募」とは、誰でも買えるという意味）は、23年2月末時点で、なんと５９４９本もあります（投資信託協会調べ）。つみたてＮＩＳＡ専用ファンドは、そのうちの２２５本なわけですから、割合にしてわずか３・８％。それだけ厳選されたファンドだと思ってもいいでしょう。

より手数料負担の軽いものが増加中？

さらに、この5年の間につみたてＮＩＳＡ専用ファンドは、私たち投資家にとっての利便性が向上してきていると言えます。

次ページのグラフは、つみたてＮＩＳＡ専用ファンドの信託報酬の分布を表したものですが、この5年間でコスト負担の平均が下がってきているだけでなく、より手数料率の低いものが増えてきていることが分かります。

手数料率の水準別に本数を見てみると、投資先を国内とするインデックス投信も、投資先を内外・海外とするインデックス投信も、「０・２％以下」の本数が多くなっています。

つみたてNISA専用ファンドの信託報酬率別の本数

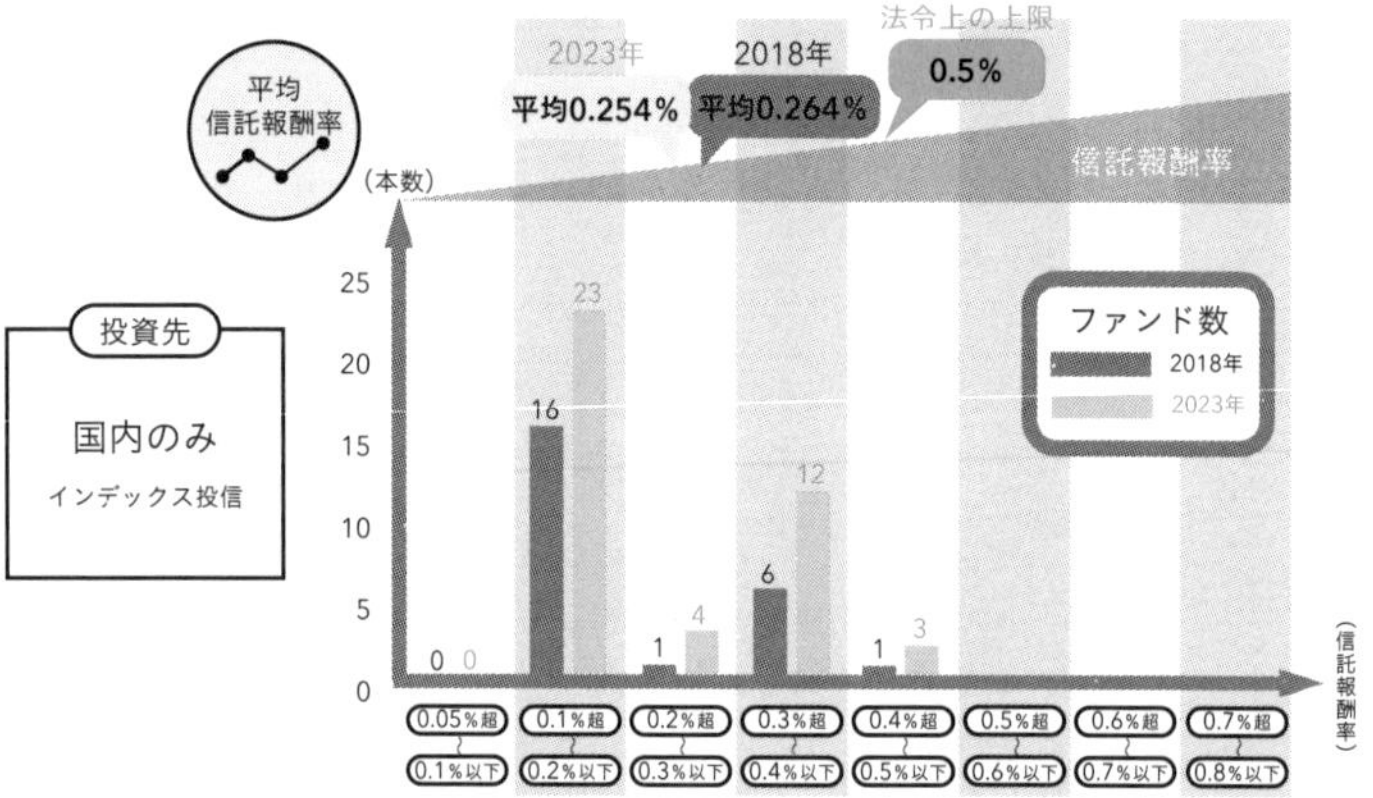

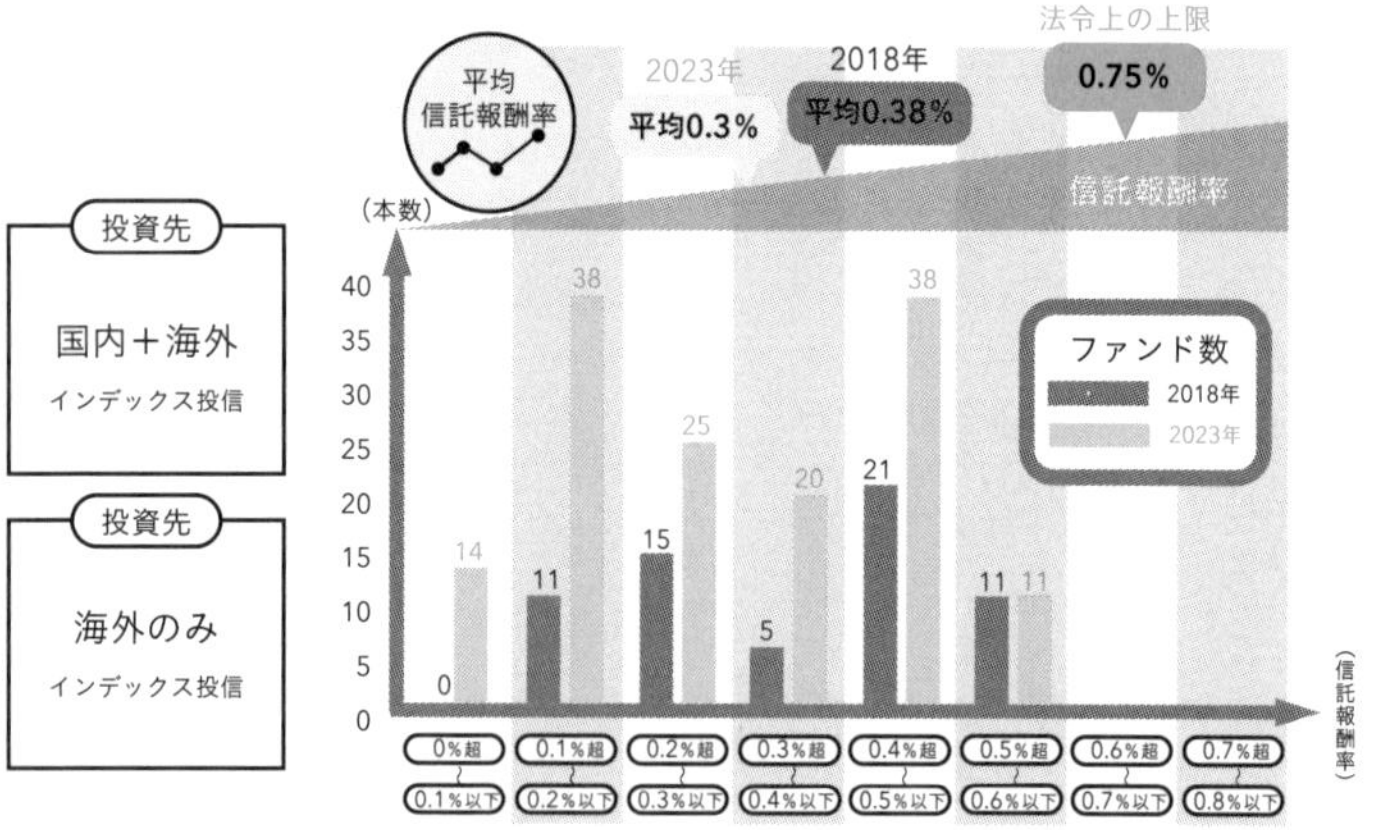

金融庁の資料をもとに作成

信託報酬が年率0・2%以下ということは、1年の間に運用成果から差し引かれるコストが0・2%以下で済むということです。投信を持っている間ずっとかかるものですので、私たち利用者にとっては低いに越したことはありません。

実は近年、投資信託の運用会社による手数料引き下げ競争が激化しているのですが、私たちにとっては、とてもありがたい傾向だと言えるでしょう。

「隠れコスト」も含めて比較することが重要

ちなみに最近では、信託報酬が年率0・1%を下回るファンドも登場してきています。それによってクローズアップされ始めたのが「隠れコスト」とも呼ばれる手数料負担です。

投資信託を持っている間に差し引かれる手数料は信託報酬がメインなのですが、「その他の費用」として、売買委託手数料や監査費用、海外での保管費用などがかかる場合もあります。こういったその他の費用は、合計でも年率0・1%に満たない金額で済むのが一般的ですので、これまではあまり重要視されていませんでした。

しかし近年、メインの手数料である信託報酬が年率0・1%を切るものが登場してきたので、その他の費用を微々たるものとして軽視することができなくなってきたわけです。

その他の費用も含めたコスト負担は、ファンドの決算の際に作成される運用報告書で確認することができます。これは運用会社のサイトで誰でも簡単に見られます。ファンドを比較する際には、**信託報酬だけでなく、その他の費用も含めた「総経費率」を確認する**といいでしょう。

つみたてNISA専用ファンドのカテゴリー分類

では、つみたてＮＩＳＡ専用ファンドにはどんなものがあるのか、どんなファンドが多いのか、その全体像をつかむためにカテゴリー分類を見てみましょう。

23年4月現在、２２５本のうちの１９１本がインデックス型です。インデックス型は、日経平均株価やＴＯＰＩＸ（東証株価指数）などの指標（インデックス）に連動する運用成果を目指すタイプです。機械的に運用していくので、コスト負担はアクティブ型

【指定インデックス型：191本】

単一指数型 or 複数指数型	国内型 or 海外型	指定インデックス（ベンチマーク）または指定インデックスの数	ファンドの本数	インデックスの特徴 または 組み合わせの内容
単一指数（株式型）	国内型	TOPIX	13	東証株価指数。 旧東証1部上場全銘柄で計算された指標
		日経平均株価	20	東証プライム市場上場225銘柄で計算された指標
		JPX日経インデックス400	5	上場企業の時価総額、流動性、財務指標などの要素をもとに、 上位400銘柄をピックアップして計算された指標
	海外型	MSCI ACWI Index	11	先進国及び新興国の約50か国の大型株と中型株、 約3000銘柄で計算される指標で、 世界の株式の時価総額の約85%をカバー
		FTSE Global All Cap Index	4	先進国及び新興国の約50か国の大型株から小型株まで、 約9000銘柄で計算される指標で、 世界の株式の時価総額の約98%をカバー
		MSCI World Index MSCIコクサイ・インデックス	19	日本を含む先進23か国の株価で計算された指標。 コクサイ・インデックスは日本を除く 22か国の株価で計算された指標
		FTSE Developed All Cap Index	1	日本を含む先進24か国の大型株から小型株まで、 約6000銘柄で計算された指標
		S&P500	12	アメリカのNY市場やナスダック市場に上場している 主要500銘柄で計算された指標
		CRSP U.S. Total Market Index	2	アメリカの株式市場の大型株から小型株まで網羅した 約4000銘柄で計算された指標
		MSCI Emerging Markets Index	10	新興国24の国と地域の株式で計算された指標。 中国、台湾、インド、韓国で4分の3程度を占める
		FTSE Emerging Index	1	新興国約20の国と地域の株式で計算された指標。 韓国は含まない。中国、台湾、インドで3分の2を占める
		FTSE RAFI Emerging Index	1	FTSE Emerging Indexをベースに リサーチ・アフィリエイツ社がファンダメンタル分析など を行い、銘柄を絞り込んだ指標
複数指数（バランス型）	国内型	2指数	2	国内株式、J-REIT
		3指数	2	国内債券、国内株式、J-REIT
	海外型	2指数	6	国内＋海外の債券、株式、REITなどのうち2指数
		3指数	4	国内＋海外の債券、株式、REITなどのうち3指数
		4指数	21	国内＋海外の債券、株式、REITなどのうち4指数
		5指数	2	国内＋海外の債券、株式、REITなどのうち5指数
		6指数	17	国内＋海外の債券、株式、REITなどのうち6指数
		7指数	8	国内＋海外の債券、株式、REITなどのうち7指数
		8指数	30	国内＋海外の債券、株式、REITなどのうち8指数

（2023年4月現在のデータ）

に比べると安くなっているのが普通です。

インデックス型は、対象となる指標の構成銘柄を「全て買う」のとほぼ同じ効果が得られます。例えば、ＴＯＰＩＸ連動ファンドなら、旧東証１部上場銘柄（約２２００銘柄）全てを買うのとほぼ同じ。ＦＴＳＥグローバル・オールキャップ・インデックス連動ファンドなら、全世界の株式の中から約９０００銘柄を買うのとほぼ同じ効果が得られます。たった1万円の投資でも、**世界中の株式を買ったのと同じ効果が得られる**のです。スゴくないですか？

なお、31ページで紹介した「バランス型」投信（1つのファンドで複数資産に分散した効果が期待できるタイプ）もあります。表の通り本数は１９１本のうち92本ですので、だいたい半分が幕の内弁当のようなバランス型となります。

まずはインデックス型から。アクティブ型は余裕があれば

つみたてＮＩＳＡ専用ファンドには、市場平均の指標（ベンチマーク）との連動を目

指すインデックス型だけでなく、ベンチマークを上回る成果を目指すアクティブ型のファンドも27本（23年4月7日時点）、対象商品として採用されています。

アクティブ型はインデックス型より高い運用成績を記録することもありますが、そうした優秀なアクティブ型は全体の2～3割程度にとどまるというデータもあり、中身の構成をよく見てみるとインデックス型とほとんど一緒、というケースもあります。また、インデックス型よりも手数料は高めなので、初級者コースの人は、**まずはインデックス型から始めればいい**と思います。

私個人としては、独立系の投資信託会社である「コモンズ投信」や「レオス・キャピタルワークス」、「鎌倉投信」などのアクティブ型は、社長さんや運用担当者をよく知っているので応援しています。

そういう応援したいファンドがある場合や、過去の運用実績がインデックス型を大きく上回っていて今後も期待できるファンドがあった場合は、少しずつなら買ってもいいでしょう。ただし、あくまでも運用のベースはインデックス型にしておくのが無難です。

証券各社の銘柄を正直FPが選ぶ！プロが買うならこの「5本」

「いや、つみたてＮＩＳＡ専用ファンドがいいのは分かったけど、カテゴリー分類だけじゃ全然分かんないよ」という人もいますよね？　ではここからは出血大サービスで、「おすすめ証券会社で買うならこの5本！」というのを具体的に挙げますので、参考にしてみてください。

ただし当然ですが、この5本を買えば絶対に儲かる、という意味ではありません。どれだけ選び抜いた商品でも、マーケットの状況によっては一時的に損が出ることもあり得ます（84ページコラム参照）。

なお選択の基準は、投資する対象、手数料の安さ、投資対象のバランスなどを総合的に考慮しています。

【SBI証券ならこの5本】

「S&P500」は米国のS&P社が厳選した500社の株価指数で、①はこれに連動するファンド。②の「全米株式」は小型株も含めた米国の株式を全部買っちゃうイメージです。米国株で運用したいならこのどちらかでしょう。

③の「グローバル3分法」は、債券7割弱、株式2割、不動産1割強の割合で投資します。債券が多めなので全体の値動きは小さめかも。④の「全世界株式」は世界中の株式を丸ごと買うイメージです。⑤の「8資産均等型」は国内、海外の債券、株式、不動産（REIT）に幅広く分散するタイプですね。

おすすめファンド 5選　SBI証券

1	SBI・V・S&P500インデックス・ファンド	米国	株式
2	SBI・V・全米株式インデックス・ファンド	米国	株式
3	Tracers グローバル3分法（おとなのバランス）	国内＋海外	株式 債券 不動産
4	SBI・全世界株式インデックス・ファンド	国内＋海外	株式
5	たわらノーロード　バランス（8資産均等型）	国内＋海外	株式 債券 不動産

【楽天証券ならこの5本】

手数料の安さを最優先で選ぶと、投資対象はＳＢＩ証券の場合と似たような結果に。

ＳＢＩ・Ｖか、ｅＭＡＸＩＳ Ｓｌｉｍか、という違いはありますが、コスト負担・運用実績ともに大きな違いはありません。投資する地域については①米国中心か、②先進国中心か、④全世界に分散するかで選びます。

また、リスクを低めにしたいなら、③の「グローバル3分法」で債券を多めにするか、⑤の「8資産均等型」で、さまざまな資産に幅広く分散するか、といったところでしょう。

おすすめファンド 5選 楽天証券

1	eMAXIS Slim 米国株式(S&P500)	米国	株式
2	eMAXIS Slim 先進国株式インデックス	海外	株式
3	Tracers グローバル3分法(おとなのバランス)	国内＋海外	株式 債券 不動産
4	eMAXIS Slim 全世界株式(オール・カントリー)	国内＋海外	株式
5	たわらノーロード　バランス(8資産均等型)	国内＋海外	株式 債券 不動産

【マネックス証券ならこの5本】

SBI証券や楽天証券で買えるファンドの多くがマネックス証券でも買えるので、5本のラインナップは大きく変わりませんが、④eMAXIS Slimの「8資産均等型」と⑤ニッセイの「4資産均等型」を選んでみました。

資産全体の値動きをあまり大きくしたくない人は、こういったバランス型が無難でしょう。なお、値動きをもっと小さくしたい人は、SBI証券や楽天証券の5本に入っている「グローバル3分法」をマネックス証券でも取り扱っています。株式よりも債券の割合を多くしたい場合に有効でしょう。

おすすめファンド 5選 マネックス証券

1	SBI・V・S&P500インデックス・ファンド	米国	株式
2	eMAXIS Slim 米国株式(S&P500)	米国	株式
3	SBI・全世界株式インデックス・ファンド	国内＋海外	株式
4	eMAXIS Slim バランス(8資産均等型)	国内＋海外	株式 債券 不動産
5	ニッセイ・インデックスバランスファンド(4資産均等型)	国内＋海外	株式 債券

【auカブコム証券ならこの5本】

さすが顧客獲得競争の激しいネット証券各社です。手数料の安い商品はどこでも同じように取り扱っていますね。

当然、ａｕカブコム証券でも米国のＳ＆Ｐ５００タイプは取り扱っていますが、すでに触れた３社の１本目にＳ＆Ｐ５００タイプを入れているので、あえてここでは外してみました。

やはり初級者は幅広く分散投資をした方が無難でしょうから、株式なら①の「全世界株式」、株式以外も組み合わせるなら③や④の「8資産均等型」などのバランス型が候補として挙げられます。

おすすめファンド 5選　auカブコム証券

	ファンド	地域	資産
1	eMAXIS Slim 全世界株式(オール・カントリー)	国内＋海外	株式
2	SBI・全世界株式インデックス・ファンド	国内＋海外	株式
3	たわらノーロード　バランス(8資産均等型)	国内＋海外	株式 債券 不動産
4	eMAXIS Slim バランス(8資産均等型)	国内＋海外	株式 債券 不動産
5	Tracers グローバル3分法(おとなのバランス)	国内＋海外	株式 債券 不動産

【松井証券ならこの5本】

ラインナップは大きく変わりませんが、あえて③国内株式の「TOPIX連動タイプ」と⑤「日経平均連動タイプ」を入れてみました。

eMAXISは他社でも取り扱っていますが、TOPIX型では最も手数料が安くなっています。

⑤のPayPayは楽天証券とマネックス証券では取り扱いがありませんが、日経平均連動型では最も手数料が安いファンドです。国内株式に絞って投資したいか、他のファンドと組み合わせつつ国内株式の割合を高めたいなら、この2つは選択肢として有効でしょう。

おすすめファンド 5選　松井証券

	ファンド	地域	資産
1	eMAXIS Slim 全世界株式（オール・カントリー）	国内＋海外	株式
2	SBI・全世界株式インデックス・ファンド	国内＋海外	株式
3	eMAXIS Slim 国内株式（TOPIX）	国内	株式
4	たわらノーロード　バランス（8資産均等型）	国内＋海外	株式 債券 不動産
5	PayPay投信 日経225インデックス	国内	株式

ちなみに日経平均株価とＴＯＰＩＸ（東証株価指数）の特徴は下表の通りです。日本経済新聞社が選んだ日本の主要企業２２５社をまとめて買うのが日経平均で、以前の「東証１部」上場企業の株式全部を買ってしまうのがＴＯＰＩＸ。

ただし２０２２年４月に東京証券取引所は市場再編を行い、東証１部、２部という区分はなくなりました（現在は東証プライム、スタンダード、グロースの３市場に）。そのためＴＯＰＩＸの算出法も今後見直される方針です。なおＴＯＰＩＸは経営体質の古い企業なども多く含むため、どちらが上がりやすいかと言えば日経平均の方、という見方もあるようです。

日経平均株価とTOPIXの違い

	日経平均株価（日経225）	TOPIX（東証株価指数）
銘柄数	225銘柄	約2200銘柄
タイプ	修正平均株価	時価総額加重型指数
算出方法	225銘柄の株価を合計して除数で割って算出	1968年1月4日の時価総額を100として指数化
表示単位	円	ポイント
特徴	株価水準の高い株の影響を受けやすい	時価総額の大きな銘柄の影響を受けやすい

証券会社選び、商品選びよりも重要なこと

ネット証券各社の商品やサービスはいい意味で競争が行われていて、私たち利用者にとってのメリットが年々増えています。その分、会社ごとの違いも減ってきているので、選ぶ際には利用しやすさやポイントサービスなどを基準にするといいでしょう。

というのは、実は証券会社選びや商品選びよりも重要なことがあるからです。

それは、**自分のライフスタイルや価値観に合った資産の組み合わせ、配分割合を決めること**。それが将来の運用成果の大半を決めてしまうと言われるくらい重要なことなんです。次の第5章で詳しく見ていきましょう。

まとめ

- **NISA口座用の証券会社は手数料、取り扱い商品数と使いやすさで選ぶ。**
- **隠れコストに注意。信託報酬だけではなく、「総経費率」も確認を。**
- **厳選されたつみたてNISA専用ファンドのインデックス型から始めてみよう。**

column

人はなぜ投資をするのか（長期投資は本当に報われるのか）

ここまで読んできて「NISAを使った投資はなかなか良さそうだ」と感じた人も多いと思いますが、一方には「投資って本当に儲かるの？」と思い、一歩踏み出すのをためらう人もいるでしょう。そこで『日経マネー』という投資雑誌を長く作ってきた立場から、そういう人の背中を押してみたいと思います。

数年前『日経マネー』で億万投資家に「あなたはなぜ投資をするのですか」というアンケートを取った際、印象的だった答えに「みんな何だかんだ言うけど、要するに儲かるから」というのがあり、ストンと腑に落ちたものです。確かに、投資が苦労ばかり多くて儲からないものなら、誰もやりたがりませんよね。一方で人はどんなに成功しても「こんなに儲かった！」と大声で言ったりはしないので、そういう「儲かるから投資は面白いんだ」という側面は伝わりにくいのかもしれません。

日本に限らず世界中の企業は、今この一瞬も真剣に競争を続けています。新商品や新サービスを次々開発し、いかにライバルより大きく成長するかを競っているわけです。将来伸びなくてもいいや、つぶれてもいいやなんて思っている企業は１つもありません。我々はそういう「本質的に成長性のある」上場企業というものに、株を買うことを通じてお金を投じているわけですから（投信を通じて買うのも一緒です）、長期的な投資で投資家のお金が増えるのも当然だと思います。

　また人口増加というのも経済成長の要因の１つです。日本では少子高齢化が課題になっていますが、世界の人口は今の80億人が２０３０年には約85億人、50年には97億人に増える見通しです。そうなれば商品を欲しがる人やサービスを使いたがる人が増え、世界経済は今より規模が大きくなり、ヒット商品を作った企業の株価は上がります。つまり世界経済のゆっくりとした成長に乗れるよう、自分の資産を広く分散して投資しておけば、自然とお金は増えるものなのです。

　よく引き合いに出されるのがＩＭＦ（国際通貨基金）の「世界経済見通し」です。23年１月発表の予測によると、世界全体の成長率は22年の３・４％がインフレのせいもあって23年には一旦２・９％に鈍化するものの、24年には再び３・１％に加速するとされています。00年～19年の平均では３・８％ですので、コロナ禍やインフレ、ロシアによるウクライナ侵攻などの影響が減れば数字はさらに改善するでしょう。やはり世界の企業に分散投資していけば、利回り３％程度の成果を得るのは決して不可能ではないということです（ただし、こうした本格的な投資には時間がかかり、1年や2年では結果が出にくいことだけは覚えておいてください）。

では、日本の個別株に投資していてはダメなのでしょうか？　これまた「そうとは限らない」というのが結論です。それどころか、日本の上場企業のなんと４分の１が一度はテンバガー（10倍株）になっているのです。『日経マネー』の調べでは、08年９月に起きたリーマン・ショック後に付けた最安値から23年３月までの間に株価が10倍以上に上昇した企業は、東京証券取引所に上場している約３９００銘柄のうち24・８％もありました。テンバガーをつかむのは投資家の夢と言いますが、そこまで低い確率でもないわけですね。

とはいえ最初からテンバガーを狙って当てるのは熟練の投資家でも難しいので、初心者の皆さんはやはりインデックス型の投信の積み立てから始めるのでいいでしょう。投資に慣れてきたら新ＮＩＳＡの成長投資枠を使い、資金の一部で日本の個別株を買ってみるのもいいと思います。（大口）

第5章

ライフスタイル・年代別「新NISA活用戦略」

菱田雅生

自分に合った「配分割合」を見つけよう

では、ここから「新ＮＩＳＡ活用戦略」として最も重要な、ライフスタイル別・年代別の資産の組み合わせ、配分割合について見ていくことにしましょう。

人それぞれで、自分に合った資産の配分割合というのが異なります。なぜかというと、**人によって「リスク許容度」が異なるから**です。「リスク」というのは、簡単に言えば値動きの大きさ。つまり「リスク許容度」とは、値動きの大きさをどこまで許容できるか（＝許せるか、ガマンできるか）ということです。

この「リスク許容度」に影響を及ぼすのが、次のような項目です。

・年齢

・家族構成、ライフスタイル
・収入や資産状況
・投資の知識や経験
・投資目的
・価値観、考え方

例えば、年齢は若い方がリスク許容度は高くなる傾向にあります。失敗しても先が長いからです。同様に収入や資産も多い方がリスク許容度は高くなります。

家族構成やライフスタイルでは、単身世帯や共働きで子どものいない世帯はリスク許容度が高く、小さな子どもがいる世帯や、高齢無職世帯はリスク許容度が低くなる傾向があります。

大きく変わった？　日本のライフスタイル

このように家族構成やライフスタイルは人それぞれのリスク許容度にも関係してきますが、近年、日本の世帯構成は、昔と大きく変わってきていることが統計を見ると分かります。

　下のグラフにある通り、21年時点で最も多い世帯は「単独世帯」で、全体の約3割を占めています。単独世帯は1986年、2001年、21年と、着実に増加してきています。

　反対に1986年の時点と比べると、「夫婦＋子世帯」（子は未婚）や「3世代世帯」は、着実に減少してきていることが分かります。

　その昔、漫画『サザエさん』の連載が始まった戦後間もない40年代後半は、作中に出てくる磯野家のような「3世代世帯」が一般的でした。しかしその後、『クレヨンしんちゃん』の連載が始まっ

日本の世帯構成の推移

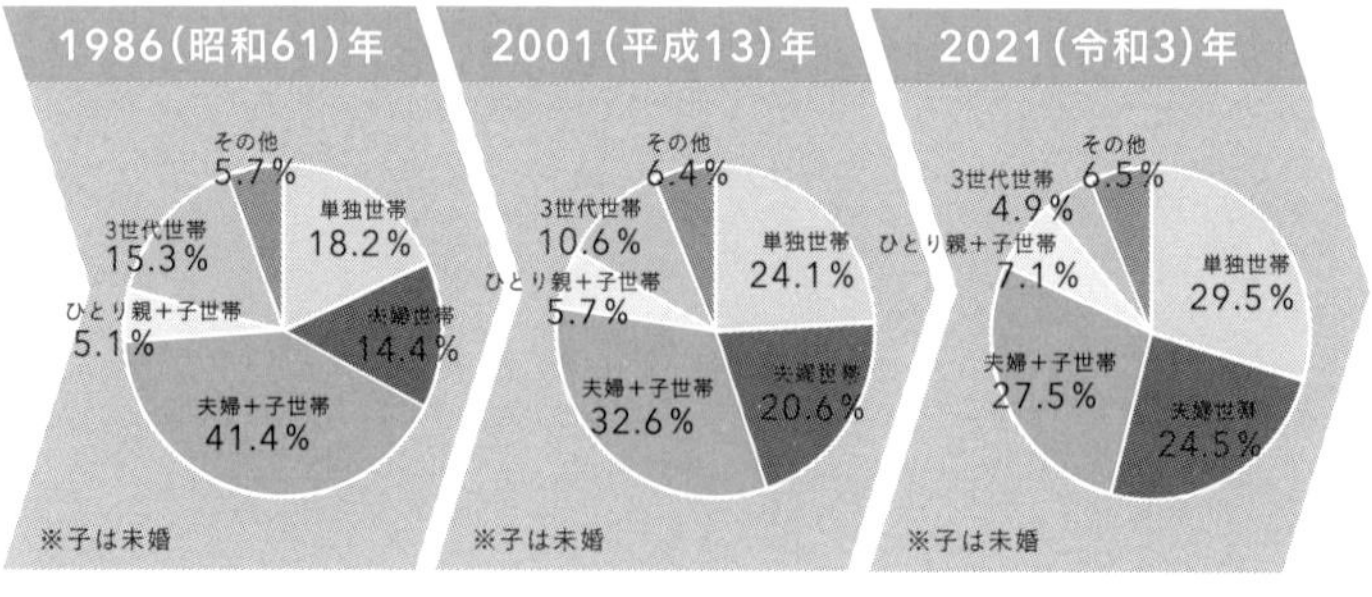

厚生労働省「2021（令和３）年国民生活基礎調査の概況」をもとにグラフを作成

た90年頃には、野原家のような「夫婦＋子世帯」が一般的になります。

そして２０００年代に入り、少子化、共働き世帯の増加、生涯未婚率の上昇、高齢者の一人暮らし世帯の増加などが進みました。

その結果、一般的な世帯とはどのような世帯なのかを特定できない、現在のような多様化した世帯構成ができ上がったのではないかと思われます。まさに多様化の時代。それが令和時代なのでしょう。

だからこそ、自分に合った資産の配分割合は人それぞれで異なるわけです。**自分のリスク許容度を考慮しながら自分で決めていく必要がある**のです。

「どのくらい減ってもガマンできるのか」で決める

とはいえ、いきなり「自分で決めろ」と言われても、突然ゲレンデに連れて行かれて「とりあえず滑ってみて」と言われているようなものですから、初級者コースの人はどうすればいいのか分かりませんよね。

なので、リスク許容度についての簡単な考え方、自分なりの判断の仕方を解説しておきましょう。

　改めて説明すると、リスク許容度とはリスク（＝値動きの大きさ）がどのくらい大きくても大丈夫なのか、許せるのか、という度合いです。

　例えば国内株式の場合、下のグラフのように、大きく値動きする時には1年間で40〜50％も値上がりしたり、値下がりしたりする年があります。

　もし投資資金が100万円だったとして、全額を国内株式に投じた場合、大きく動く年にはマイナス50％、つまり、100万円が50万円くらいまで減ってしまうこともあるということです。それ

国内株式の年度ごとの値動き

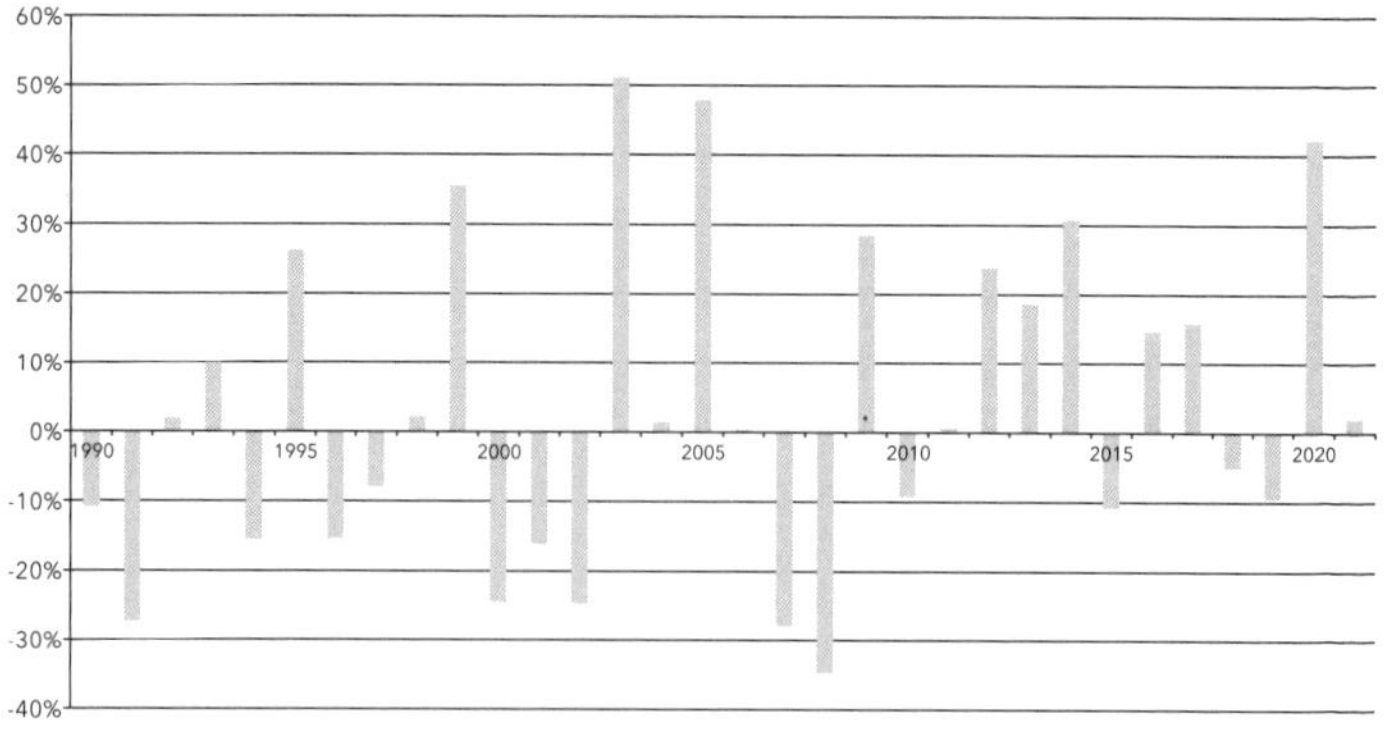

をガマンできるのか、という話です。

「いや、一気に50万円も減ってしまうのはガマンできない。減ってもガマンできるとしたら、その半分の25万円くらい」という人もいるでしょう。だとすると国内株式への投資は50万円くらいにして、残りの50万円は、値動きの小さい国内債券（00年以降は大きく動いても1年間で4～5％程度。下のグラフ参照）か、預貯金などにしておくのが無難だと分かるのです。

さあ、あなた自身は、いくらぐらいまでなら減ってもガマンできますか？

その度合いに応じて、値動きの大きい株式の割合をどの程度にするのかを決めるといいでしょう。

国内債券の年度ごとの値動き

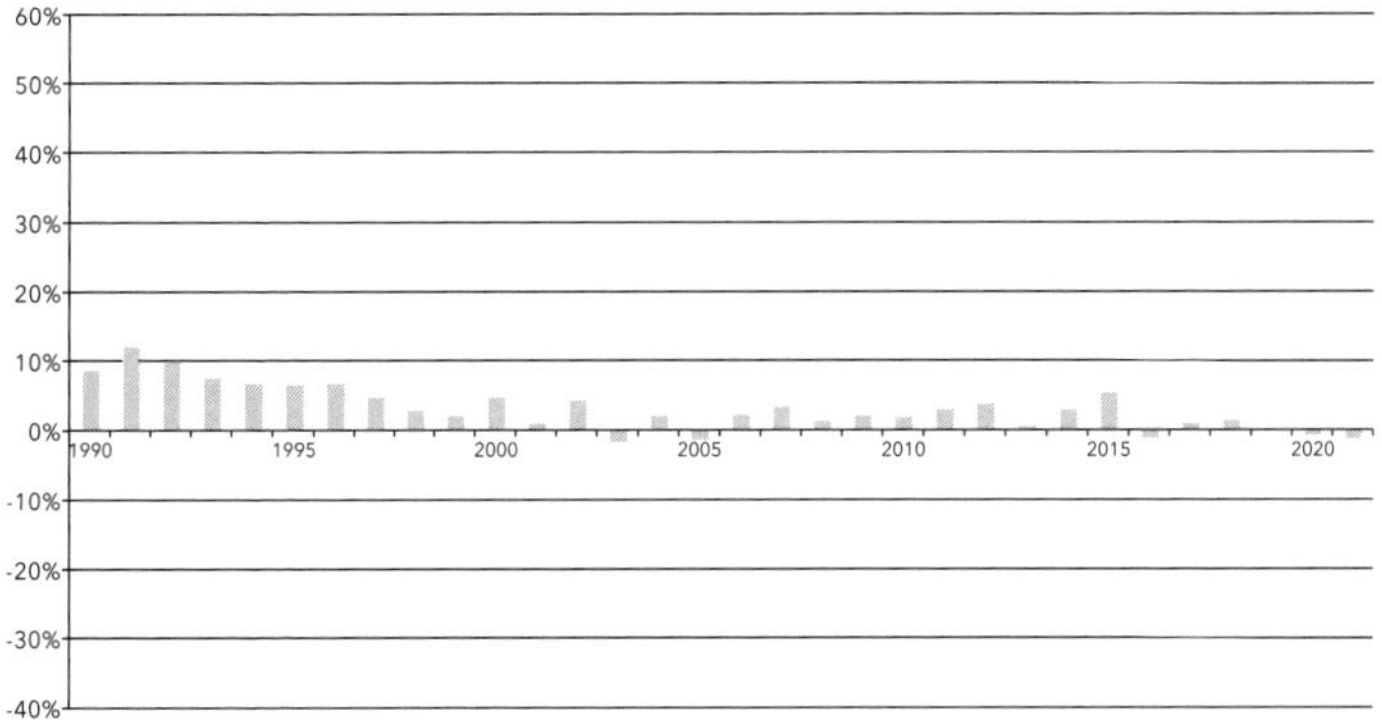

「えー、1円でも減るのはイヤだー」と思う人もいるかもしれませんが、資産運用の大原則を思い出してください。

『リスクを取らなければ、リターンは得られない』

これは、有名なことわざの

『虎穴《こけつ》に入《い》らずんば虎子《こじ》を得ず』

にも似ていますね。

減るかもしれないリスクを取って投資するからこそ、リターンが得られる可能性があるのです。もちろん、実際にお金が減ることもあります。でも、それを受け入れて初めて、リターンを得る権利が発生すると言ってもいいでしょう。

それでも「絶対に減るのはイヤ」と思う人は、昨今のインフレや円安によって、すでに実質的に円資産（預貯金など）の価値が目減りしていることに気付いてください。見た目の金額にこだわりすぎるのをやめましょう。

「はじめに」でも書いた通り、今後もインフレや円安が続くとすると、投資をした人としなかった人との格差は、これまで以上に大きく広がっていくはずです。

自分に合った新NISA活用戦略を見つけるには？

では、自分に合った戦略は、どのように決めればいいのでしょう。

簡単な考え方としては、**「自分の全財産のうち、どのくらいの割合で株式を持つか」**だと思います。

先ほどもグラフで見た通り、国内株式や外国株式は「〇〇ショック」などと呼ばれる金融ショックが起きると暴落して、1年間で40〜50％下がることもあります。そのことを十分に認識して、値動きが大きくなりがちな株式への投資割合を決めるといいでしょう。

スキーやスノボで言えば、まずは滑り方の見本として誰かが滑っているのを見ることが必要です。

そこでこの章では、ライフスタイル別・年代別に、資産形成の参考になる見本（モデルプラン）を紹介していきたいと思います。その見本を参考に、自分なりに資産の配分割合をアレンジして、それに合った商品選びをしてみてください。

「ポートフォリオ」と「アセット・アロケーション」の違い

……とその前に、初級者コースの皆さんは、「ポートフォリオ」という言葉と「アセット・アロケーション」という言葉の意味を知っておきましょう。資産運用の世界ではよく使われる言葉なので、早めに理解しておくといいと思います。この本では初めて出てきたカタカナ言葉ですが、分かりやすいように例えで説明します。

簡単にいうと「**ポートフォリオ**」とは、もともとは「書類かばん」のような意味合いの言葉で、さまざまな書類が入ったかばんのように、さまざまな資産や商品を組み合わせて保有している状態、その全体のことを指します。こちらは聞いたことがある人も多いかもしれません。

例えば、スーパーで買い物をした時の買い物かごを想像してみてください。牛肉やほうれんそうなど、さまざまな食材が入っていますよね。ポートフォリオとは次ページ右側の図のように、買い物かごに入っている商品の一覧のようなものです。

一方の「**アセット・アロケーション**」とは、日本語にすると「資産配分」です。

これはあまりなじみのない言葉だと思いますが、下の左側の図のように、買い物かごの中に入っている商品の「カテゴリー分類ごとの配分割合」を意味します。肉類が牛肉・鶏肉合わせて全体の30％で、野菜はきゅうりとほうれんそうで全体の20％、といった感じです。

言い換えればポートフォリオは商品の一覧で、どんな商品を組み合わせて持っているのかが分かるもの。アセット・アロケーションは商品性の似ているものをカテゴリー分類して、カテゴリーごとの配分割合を見るものです。

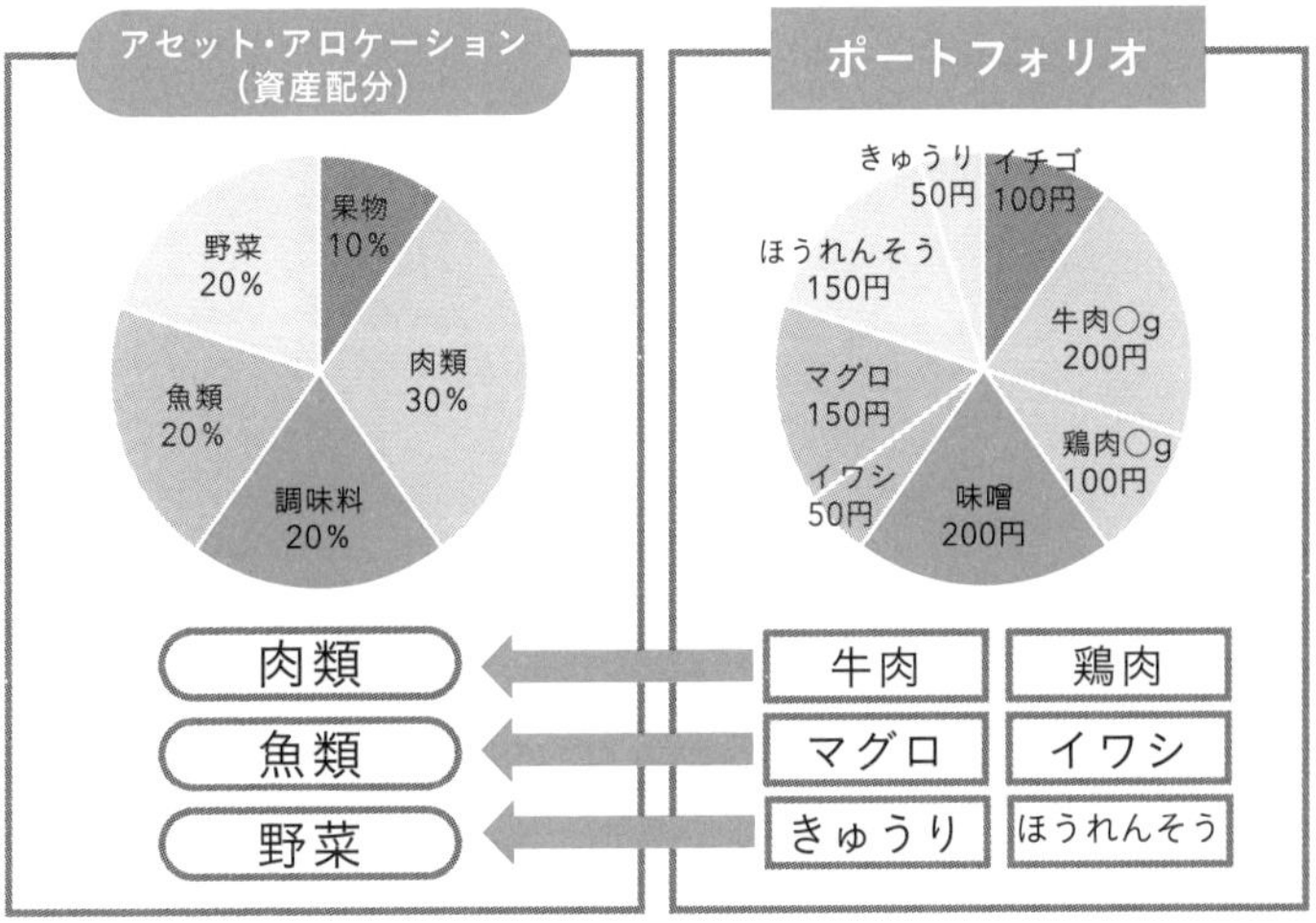

金融商品で考えると、下の右側の図のような商品一覧がポートフォリオ、左側の図のカテゴリーごとの配分割合がアセット・アロケーションです。

ちなみに、商品性の似ているカテゴリー（国内債券、国内株式、外国債券、外国株式など）のことを「アセット・クラス」とか「資産クラス」と呼びます。

9割がこれで決まる!?

さて、ここからが重要です。

米国での研究*によれば、将来の運用成果の9割は、アセット・アロケーションで決定づけられるという結果が出ている

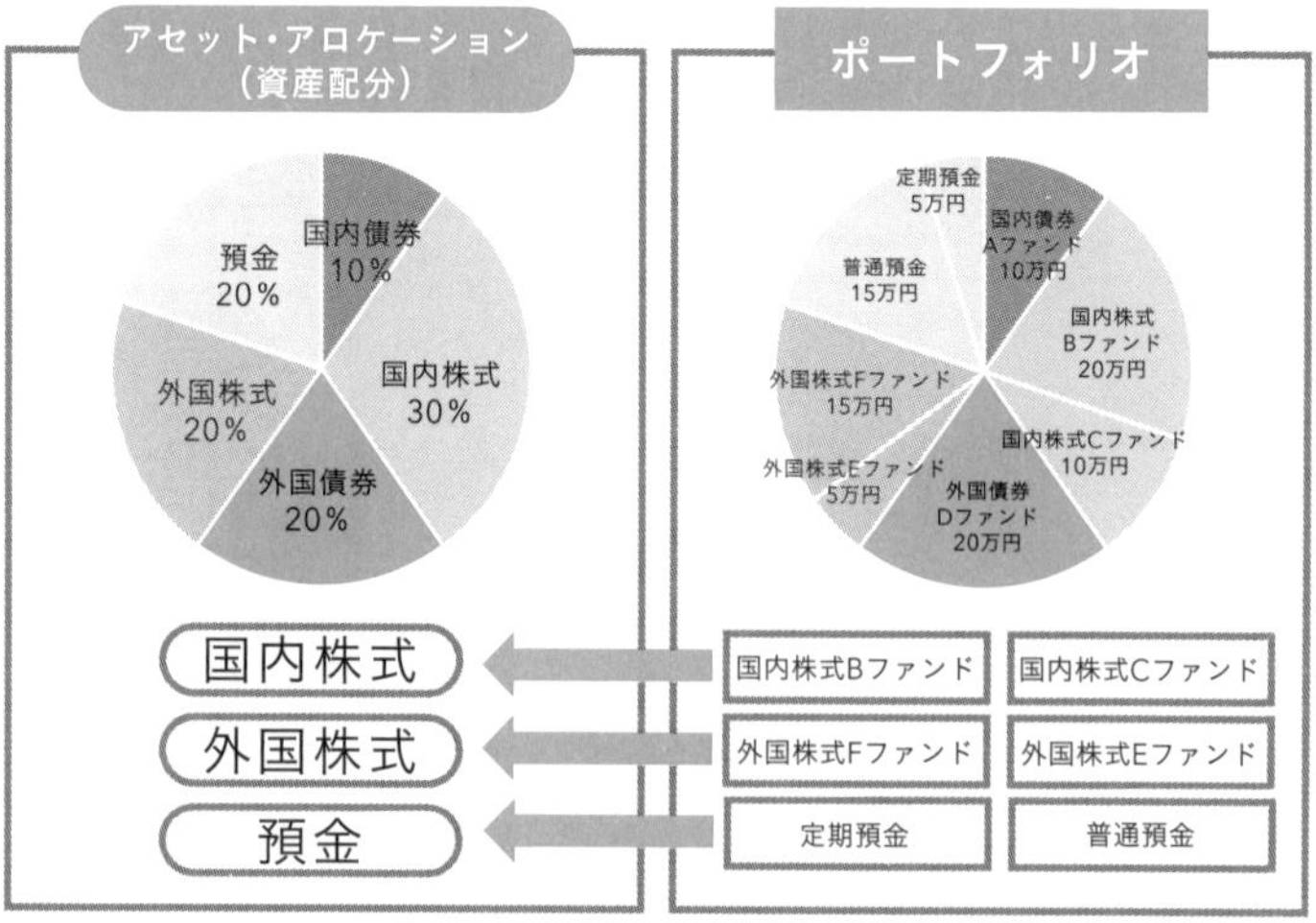

んです。どういうことかというと、例えば「国内株式Aファンドと国内株式Bファンド、どちらに投資をするのか」といった「銘柄選び」や、ある銘柄を「いつ買って、いつ売るのか」といった「売買のタイミング」よりも、**「ポートフォリオ全体の何%を国内株式に配分するのか」といったアセット・アロケーションの方が、よっぽど重要**だということです。

第4章で、証券会社ごとのおすすめファンド5選を挙げましたが、同じカテゴリー（アセット・クラス）のファンドで、コスト負担が同程度であれば、中長期の運用成績はそれほど大きくは変わりません。指数との連動を目指すインデックス型のファンドでは、運用成績にほとんど差は出ないはずなんです。

だからこそ、ファンド選びよりもアセット・アロケーションの方が重要になってくるのです。具体的に言えば、ポートフォリオ全体の20%を国内株式にするのか、30%を国内株式にするのか、その資産配分の割合をどうするかが、将来の運用成果の大半を決めてしまうということです。

＊Brinson, Gary P., Hood, L. Randolph., and Beebower, Gilbert L. (1986). Determinants of Portfolio Performance. *Financial Analysts Journal*, 42 (4), 39-44.
Ibbotson, Roger G., and Kaplan, Paul D. (2000). Does Asset Allocation Policy Explain 40, 90, or 100 Percent of Performance? *Financial Analysts Journal*, 56 (1), 26-33.

「新NISA活用戦略」6つのモデルプラン

ここからは、ライフスタイル別・年代別のアセット・アロケーションの見本（モデルプラン）を紹介していきます。ライフスタイルは、①単身世帯、②パートナー世帯、③共働き世帯（子なし）、④子育て世帯、⑤シングルマザー・ファーザー世帯、⑥リタイア世帯、の6タイプに分けました。

そして、タイプごとの各年代のモデルプランを考えてみました。当てはまるライフスタイル、年代のモデルプランを参考に、自分なりのアレンジを加えてみてください。アレンジの方法は、全体に占める株式の割合をもう少し多めにしようとか、少なめにしようとか。また、外国の割合をもう少し多めにとか、少なめにとか。割合を自分なりに調整するわけです。

モデルプランを見る際の注意点

モデルプランは、これから新ＮＩＳＡで資産形成を始める人などに「ＮＩＳＡ口座を１つのポートフォリオとするなら、こんな割合が妥当だろう」という配分割合を示しています。そのため、日常生活や不測の出費のための預貯金は入れていません。預貯金にしておく金額は、リスク許容度を考えて自分で決めるようにしましょう。

預貯金の割合を多くすれば、それだけ全資産の増減（値動き）は少なくなりますが、ほとんど運用されない状態で多くの額を放置してしまうことになるので、もったいないです。私自身は、１００万円超のお金を預貯金に置いておく必要はないと思っています。株式でも投資信託でも、売れば1週間以内には現金化できるからです。

なおモデルプランにある「想定利回り」は、その配分割合で20～40年といった長期の積立投資ができれば、そのくらいの利回りは確保できるのではないかという予想です。実際の運用成果を保証するわけではありませんので、ご了承ください。

①単身世帯

単身世帯は、家族構成やライフスタイルの面では最もリスク許容度が高い世帯になります。

　将来的にライフプランそのものや家族構成などが変化していく可能性はありますが、単身世帯のうちは、株式の割合を多めにした資産配分でも問題ないでしょう。

　年齢とともに株式の割合を少しずつ下げていく考え方もありますが、着実に資産が増えていっているなら、そのまま積立投資を続けていっても問題ないでしょう。

（※60代以上は「リタイア世帯」へ）

単身世帯　20代・30代

想定利回り
年5～8%

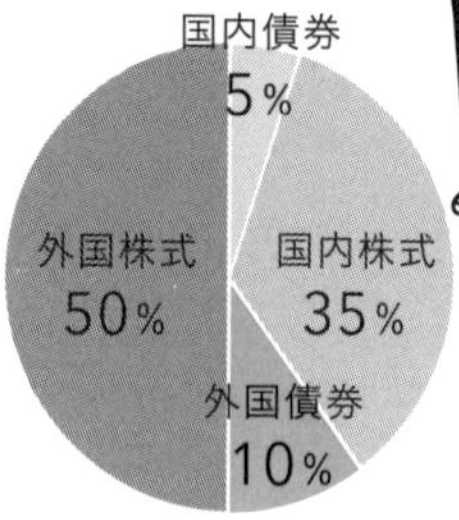

組み合わせのポイント

- 若い単身世帯は株式多めでOK
- 預貯金で保有資産全体のリスクを調整できるなら株式のみでもOK
- 日本経済の将来の期待度に応じて国内株式を増やすか減らすかを検討

単身世帯　40代・50代

想定利回り
年4〜7%

組み合わせのポイント

- 40代50代でも株式は多めでOK
- 預貯金で保有資産全体のリスクを調整できるなら株式のみでもOK
- 日本経済の将来の期待度に応じて国内株式を増やすか減らすかを検討

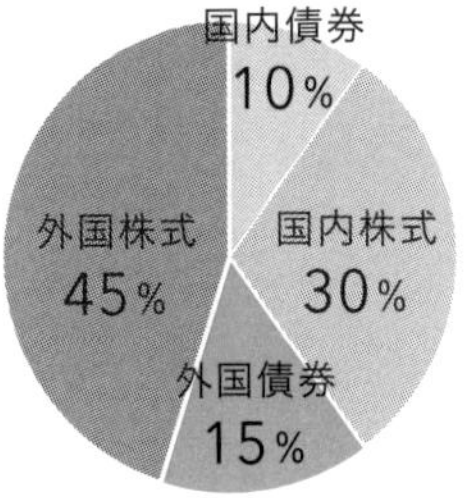

単身世帯　不動産を加える場合

想定利回り
年3〜6%

組み合わせのポイント

- 単身世帯40代50代の資産配分に不動産を加えたイメージ
- 不動産は株式や債券とは値動きが異なるので、幅広い資産に分散する意味で、少しなら入れてもOK

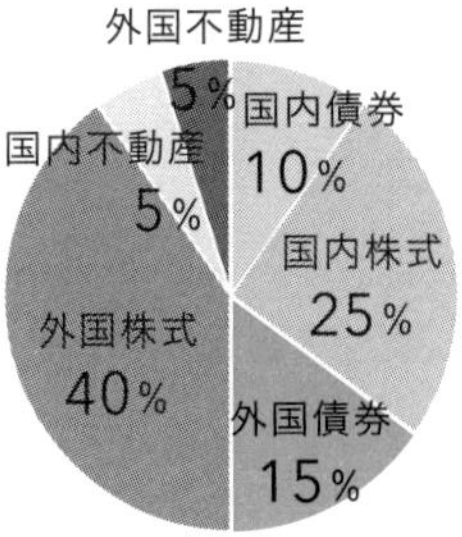

②パートナー世帯

パートナー世帯とは、同性カップルや、異性カップルでも法律上の婚姻関係にない事実婚カップルを指します。

リスク許容度は共働き世帯と同程度と考えられますが、将来的にも子どもを持たないなら、単身世帯と同じ資産配分でいいでしょう。

なお、2人の合計資産で配分を考えるのではなく、名義ごとに別々に配分を考えましょう。

誰のお金かを明確にしておくことで、万が一、別れた時のもめ事を避けられます。

（※60代以上は「リタイア世帯」へ）

パートナー世帯　20代・30代

組み合わせのポイント

- 2人の資産はそれぞれで割合を設定
- 預貯金で保有資産全体のリスクを調整できるなら株式のみでもOK
- 日本経済の将来の期待度に応じて国内株式を増やすか減らすかを検討

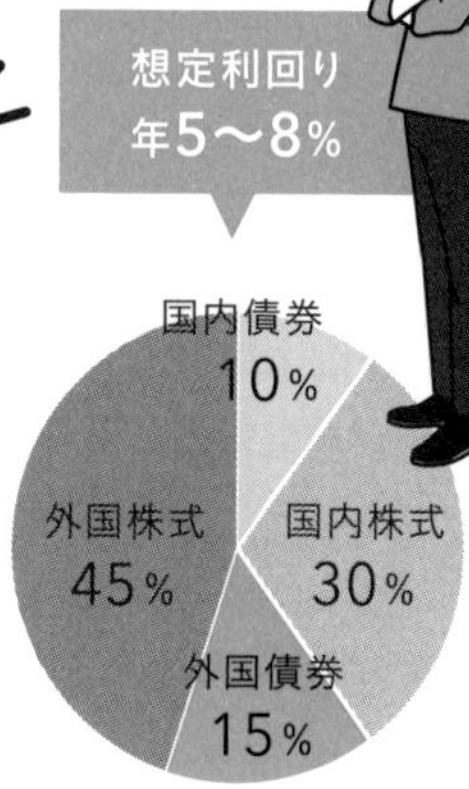

パートナー世帯　40代・50代

想定利回り
年4〜7%

組み合わせのポイント

- 40代50代でも株式は多めでOK
- 実子や養子の教育資金等の出費があるなら、株式を減らした方が安全
- 預貯金を多めにして対応できるなら資産配分はそのままでもOK

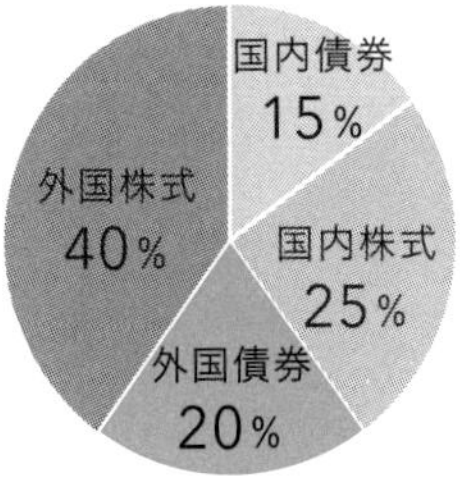

パートナー世帯　不動産を加える場合

想定利回り
年3〜6%

組み合わせのポイント

- パートナー世帯40代50代の資産配分に不動産を加えたイメージ
- 不動産は株式や債券とは値動きが異なるので、幅広い資産に分散する意味で、少しなら入れてもOK

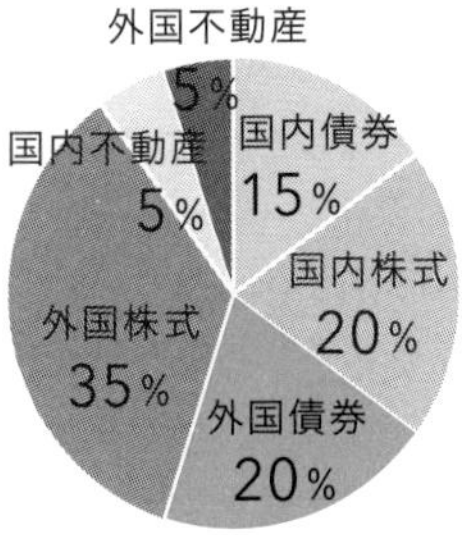

③共働き世帯（子なし）

共働き世帯（子なし）のリスク許容度は、これまで見てきた単身世帯、パートナー世帯と同程度です。

ただし子どもの誕生で「子育て世帯」に変わる可能性もあります。初めから子どもを持つ計画があるなら、この後の「子育て世帯」の資産配分を参考にしてもいいでしょう。

なお、40代・50代も夫婦で共働き（子なし）を続けられる場合は、リスク許容度は高い状態のまま、老後のための資産形成ができるメリットは大きいと言えます。

（※60代以上は「リタイア世帯」へ）

共働き世帯（子なし） 20代・30代

組み合わせのポイント

- 夫婦の資産はそれぞれで割合を設定
- 子どもが生まれ、教育資金準備を始めるなら株式を少し減らしてもいい
- 日本経済の将来の期待度に応じて国内株式を増やすか減らすかを検討

共働き世帯(子なし)　40代・50代

想定利回り
年4〜7%

組み合わせのポイント

- 40代50代でも、まとまった出費の予定がないなら株式は多めでOK
- 預貯金を多めに保有することで、保有資産全体のリスクを調整できるなら資産配分は株式のみでもOK

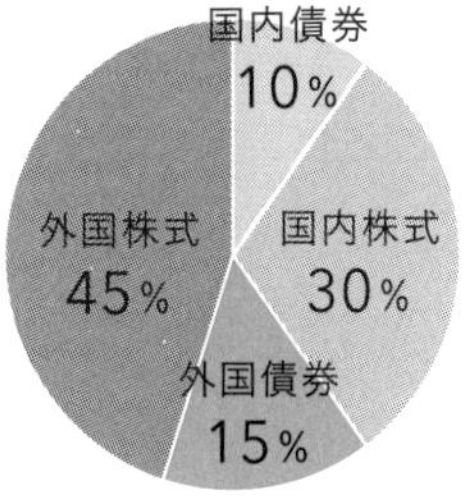

共働き世帯(子なし)　不動産を加える場合

想定利回り
年3〜6%

組み合わせのポイント

- 共働き世帯(子なし)40代50代の資産配分に不動産を加えたイメージ
- 不動産は株式や債券とは値動きが異なるので、幅広い資産に分散する意味で、少しなら入れてもOK

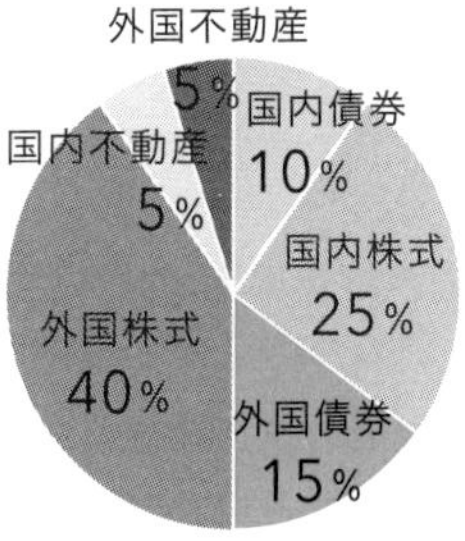

④子育て世帯

子育て世帯は、子どもの教育にどの程度お金をかけるつもりなのか、そして、その教育資金準備がどの程度進んでいるのかによって、リスク許容度が大きく異なります。

預貯金で教育資金が十分準備できていて、NISA口座の資産から教育費を出す必要がない場合は、③の共働き世帯（子なし）と同様、株式を多めにしても問題ありません。

50代で子どもが巣立った場合も、本人のリタイアまで株式を多めに運用してもいいでしょう。

（※60代以上は「リタイア世帯」へ）

子育て世帯　20代・30代

組み合わせのポイント

- 夫婦の資産はそれぞれで割合を設定
- 預貯金で教育資金を十分に準備できるなら株式をもっと増やしてもいい
- 日本経済の将来の期待度に応じて国内株式を増やすか減らすかを検討

子育て世帯　40代・50代

想定利回り
年2〜5%

組み合わせのポイント

- 教育資金などのまとまった出費の予定があるなら株式は少なめに
- 預貯金で教育資金を十分に準備できるなら株式をもっと増やしてもいい
- 子どもが巣立ったら株式を多めに変更

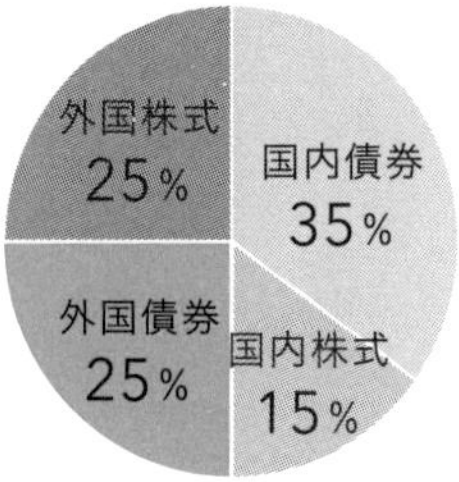

子育て世帯　不動産を加える場合

想定利回り
年3〜6%

組み合わせのポイント

- 子育て世帯20代30代の資産配分に不動産を加えたイメージ
- 不動産は株式や債券とは値動きが異なるので、幅広い資産に分散する意味で、少しなら入れてもOK

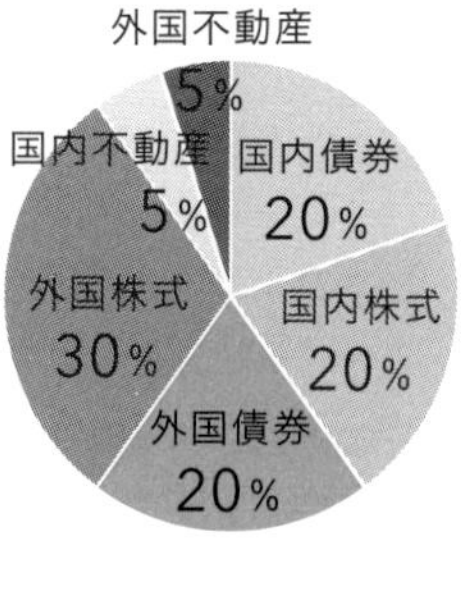

⑤シングルマザー・ファーザー世帯

シングルマザー・シングルファーザー世帯のリスク許容度は同じ「子あり」でも、共働きが可能な「子育て世帯」に比べると低めになります。

ただし養育費収入や親からの援助などがあり、教育資金準備にそれほどの苦労がない場合は、リスク許容度は高めになります。この場合は株式の割合を多少増やしても大丈夫でしょう。

また、シングルマザー・ファーザーは、将来的に再婚をすることによって「子育て世帯」に変化する可能性もあります。

（※60代以上は「リタイア世帯」へ）

シングルマザー・ファーザー世帯　20代・30代

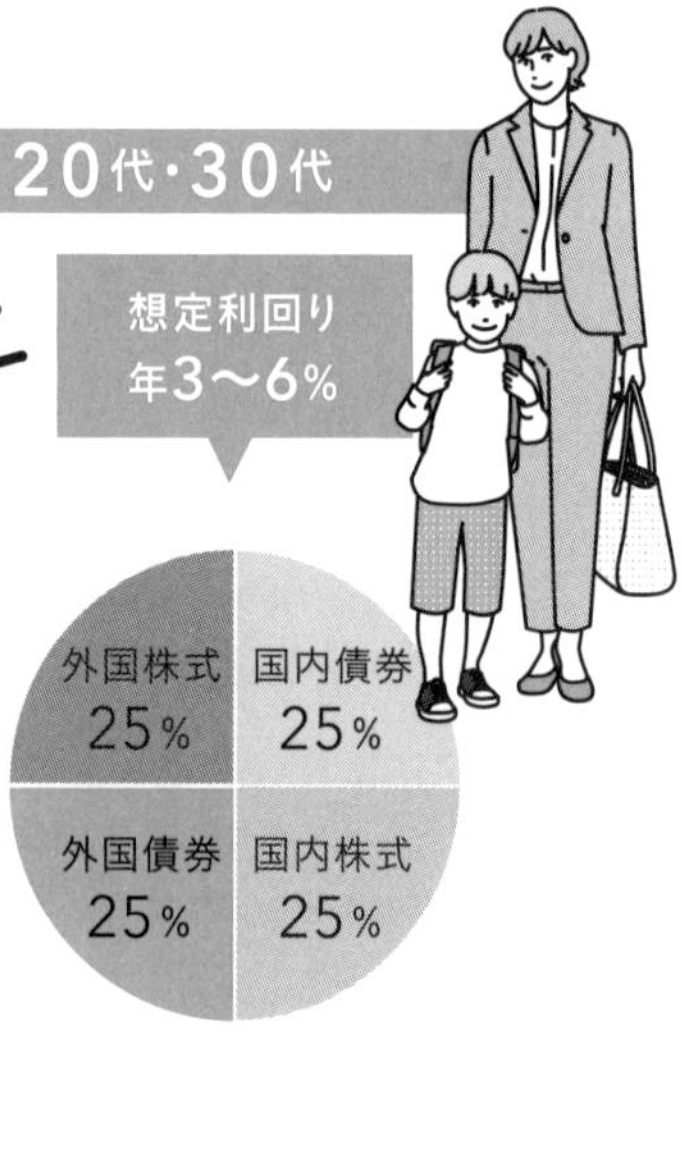

組み合わせのポイント

- 基本スタンスはバランス重視が無難
- 預貯金で教育資金を十分に準備できるなら株式をもっと増やしてもいい
- 日本経済の将来の期待度に応じて国内株式を増やすか減らすかを検討

シングルマザー・ファーザー世帯　40代・50代

想定利回り
年2〜5%

組み合わせのポイント

- 教育資金などのまとまった出費の予定があるなら株式は少なめに
- 預貯金で教育資金を十分に準備できるなら株式をもっと増やしてもいい
- 子どもが巣立ったら株式を多めに変更

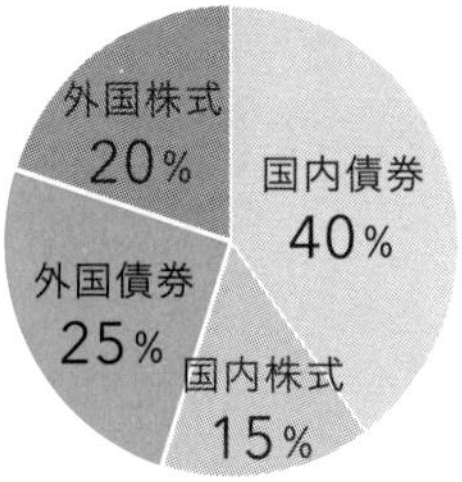

シングルマザー・ファーザー世帯　不動産を加える場合

想定利回り
年3〜6%

組み合わせのポイント

- シングルマザー・ファーザー世帯20代30代の配分に不動産を加えたイメージ
- 不動産は株式や債券とは値動きが異なるので、幅広い資産に分散する意味で、少しなら入れてもOK

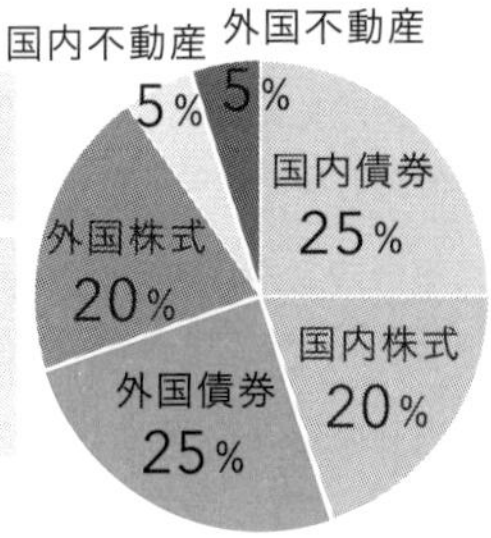

⑥リタイア世帯

60代以上のリタイア世帯は、年齢から言えばリスク許容度は低めになります。

ただし、人それぞれの経済的な差が大きい世代でもあり、年金収入や家賃収入などの定期的な収入や、金融資産やその他の資産など、保有している資産が潤沢にある場合は、リスク許容度は高くなります。

一方、定期的に資産を売却して取り崩していく際、売却のタイミングによる受取額の増減を小さくしたい場合は、株式の割合を少なめにしておくことと、海外資産の割合を少なめにしておくことがポイントになるでしょう。

リタイア　単身世帯

想定利回り
年1〜4%

組み合わせのポイント

- 定期的に取り崩していく際の受取額の増減を小さくするなら株式は少なめに
- 年金収入などの定期的な収入が十分にあるなら株式をもっと増やしてもいい
- 取り崩しを重視するなら国内を多めに

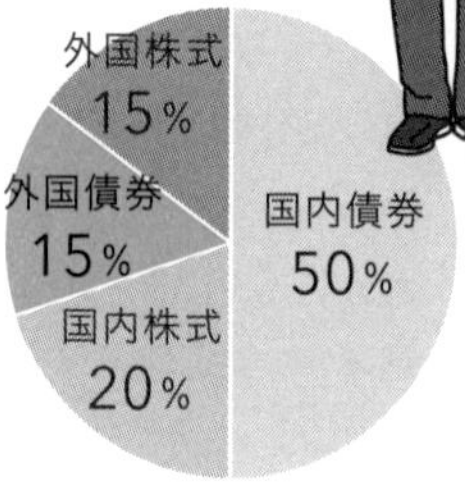

リタイア　パートナー世帯・夫婦世帯

想定利回り
年2～5%

組み合わせのポイント

- 定期的な取り崩しを重視するなら、国内を多めに、株式を少なめに
- 年金収入などの定期的な収入が十分にあるなら株式を多めにしてもいい
- 相続も考慮し、名義を明確にしておく

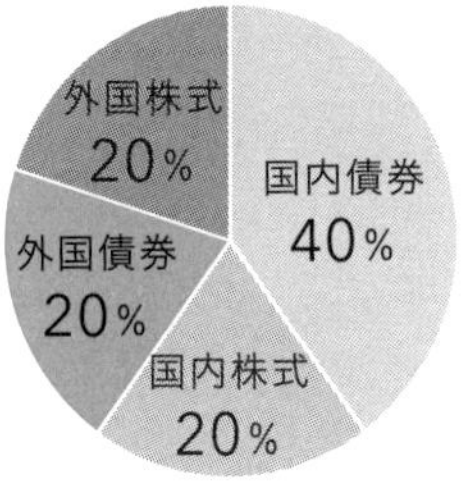

リタイア　パートナー世帯・夫婦世帯　不動産を加える場合

想定利回り
年2～5%

組み合わせのポイント

- リタイア（パートナー、夫婦）世帯の配分に不動産を加えたイメージ
- 不動産は株式や債券とは値動きが異なるので、幅広い資産に分散する意味で、少しなら入れてもOK

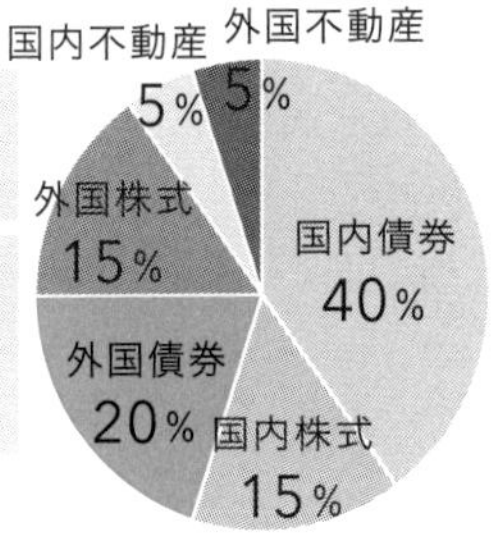

「長期・分散・積立」でどのくらい増えるの？

さまざまなライフスタイル・年代別にアセット・アロケーションの見本（モデルプラン）を見てきましたが、こうした運用の結果、実際にはどのくらいの金額になるのか、気になりますよね。

残念ながら、将来の運用成果を正確に予測することはできません。実際の利回りが想定利回りの範囲内に収まるかどうかも、将来になってみないと分かりません（個人的には、8〜9割の確率で想定利回りの範囲内に収まると思っていますが）。

ただ実際に資産がいくらになるのか正確には分からなくても、利回りがこのくらいならこのくらいの金額になる、というのは知っておいた方が役に立つでしょう。

そこで、毎月1万円を積立投資したものとして、10年後から40年後まで、どのくらいの金額になるのかを利回りごとに計算してみました（左の表）。税金や手数料は計算に含んでいません。

例えば、毎月１万円を年５％で積立投資できたとすると、30年後の元利合計は約８３６万円（①）になります。30年間の元本は０％欄にある通り３６０万円（②）ですから、元本が約２・３倍に増えることが分かります。

仮に毎月の積立額が３万円だった場合はこの金額を３倍すればいいので、８３６万円×３でおよそ２５０８万円になることが分かります。

つまりこの表を利用することで、想定利回りをもとに、将来の資産の額がどのくらいの範囲に収まるのかを、ある程度予想できるのです。

例えば、想定利回りが３～６％で、積

利回り率と積立年数からの運用予想

利回り	10年	15年	20年	25年	30年	35年	40年
0%	120万円	180万円	240万円	300万円	❷ 360万円	420万円	480万円
1%	126万円	194万円	266万円	341万円	420万円	503万円	590万円
2%	133万円	210万円	295万円	389万円	494万円	609万円	736万円
3%	140万円	228万円	❸ 329万円	447万円	584万円	743万円	928万円
4%	148万円	247万円	368万円	516万円	696万円	917万円	1,186万円
5%	156万円	268万円	413万円	598万円	❶ 836万円	1,141万円	1,532万円
6%	165万円	292万円	464万円	696万円	1,010万円	1,432万円	2,001万円
7%	174万円	319万円	524万円	815万円	1,227万円	1,812万円	2,640万円
8%	184万円	348万円	593万円	957万円	1,500万円	2,309万円	3,514万円

立投資の期間が20年だったとすると、元本２４０万円が３２９万円から４６４万円の範囲（③）に収まりそうだと予想できるわけです。積立額が毎月3万円だった場合は、今の数字を3倍した元本７２０万円が、９８７万円から１３９２万円の範囲に収まりそうだと予想できるのです。

なお、運用期間が10年や15年といった比較的短めの期間になるほど、積立開始のタイミングや運用を終えるタイミングによる市場環境の違いによって、想定利回りと大きくずれる可能性があります。この点にはご注意ください。基本的には20年、30年といった長期での積立運用を想定しています。

実際の運用商品の選び方、決め方

ではこの章の最後で、見本（モデルプラン）の配分割合を参考に、具体的な商品を決めていく方法について解説しましょう。

例えば、シングルマザー・ファーザー世帯の20代・30代の場合だと、見本の配分割合は国内株式・外国株式・国内債券・外国債券の「4資産均等」でした。

そこで仮にSBI証券の中から商品を選ぶなら、4資産均等のインデックス型のファンドでコストの安い「ニッセイ・インデックスバランスファンド4資産均等型」を選ぶのが、手っ取り早い方法となるでしょう。

積立額が毎月1万円なら、全額をこのファンド1本に投資するだけでいいわけです。もしくは、4つの資産それぞれで運用しているファンドを選んで、毎月2500円ずつ4本のファンドに投資するというのも1つの方法です。

シングルマザー・ファーザー世帯　20代・30代

想定利回り
年3〜6%

組み合わせのポイント

- 基本スタンスはバランス重視が無難
- 預貯金で教育資金を十分に準備できるなら株式をもっと増やしてもいい
- 日本経済の将来の期待度に応じて国内株式を増やすか減らすかを検討

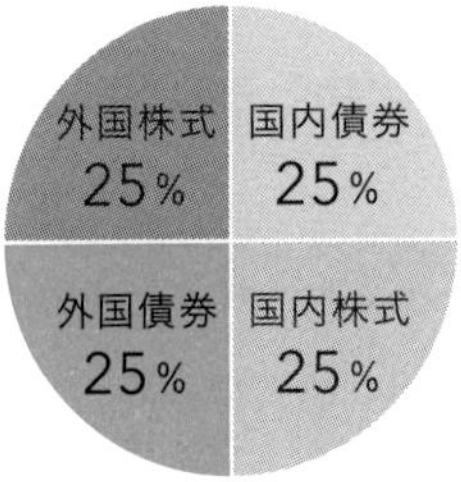

しかし、つみたてＮＩＳＡ専用ファンドには、今のところ国内債券のみで運用するファンドや、外国債券のみで運用するファンドはありません。そこで、バランス型（資産複合型）と国内株式や外国株式で運用しているファンドの組み合わせで考えていくようにしましょう。

例えば、下図のような割合で毎月１万円を積立投資したい場合、４資産均等ファンドに５０００円、外国株式のファンドに３０００円、国内株式のファンドに２０００円と振り分ければ、近い割合になるでしょう。

国内外の株式だけでなく、債券や不動

共働き世帯（子なし）　20代・30代

想定利回り
年5〜8%

組み合わせのポイント

- 夫婦の資産はそれぞれで割合を設定
- 子どもが生まれ、教育資金準備を始めるなら株式を少し減らしてもいい
- 日本経済の将来の期待度に応じて国内株式を増やすか減らすかを検討

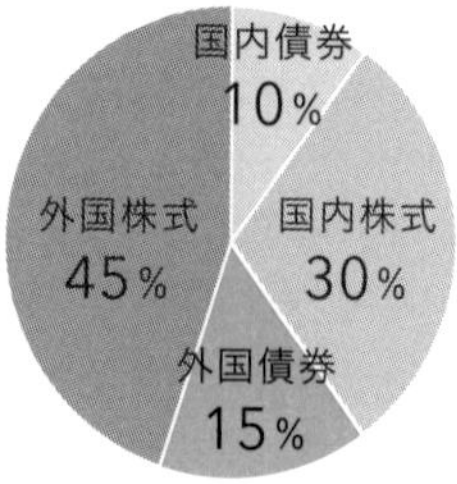

産（REIT）などもポートフォリオに加えて運用していく場合は、このような考え方で組み合わせていくのがベターかと思います。

なお、モデルプランの配分割合は積立投資の割合だけでなく、預貯金など手元にあるお金をまとめて投資する際にも参考にできますので、有効に使ってくださいね。

まとめ

- **リスク許容度から「アセット・アロケーション」を決め、それから戦略を。**
- **年齢やライフスタイルから将来を考える。購入金額と割合を一緒に検討。**
- **利回りと年数で増える金額感を理解して、運用成果の幅を確認してみよう。**

column

ｉＤｅＣｏとＮＩＳＡ、どちらを先に使う？

「ｉＤｅＣｏ（個人型の確定拠出年金）とＮＩＳＡ、どちらから先に使うべきでしょうか」。マネー記事を書く仕事をしていると、これはしばしば聞かれる質問です。どちらも長期投資を非課税で応援する制度で、併用もできますが、特に余裕資金の少ない若い世代は「どちらの優先度が高いのか」を知りたいのだと思います。

これには業界内でもある程度明確に答えが出ていて、それは「ｉＤｅＣｏから先に使う方が有利」というものです。というのはこれまで見てきた通り、ＮＩＳＡは投資の値上がり益や配当に一切税金がかからないのが大きな魅力ですが、逆に言えば「ＮＩＳＡは値上がりしてナンボ」であって、利益が出ない限り、非課税のうまみが感じにくい制度だとも言えるからです。

しかし一方のｉＤｅＣｏは、一言で言えば「運用で利益が出なくても、加入して掛け金を納めただけで、運用とは別の場所で税金が安くなるからお得」な制度です。

こうなると「まずはｉＤｅＣｏから先に使おう」となりますよね。

少し詳しく見ていくと、ｉＤｅＣｏには税制面で「トリプルメリット」があると言われています。①毎月の掛け金が全て所得控除の対象になる、②運用期間中の値上がり益や配当が非課税になる、③積み立てた資産を受け取る際にも退職所得控除などの税制優遇がある――の3つです。②についてはＮＩＳＡとほぼ同じです。

そして最大の魅力が①です。「所得控除」というと何やら難しそうですが、平たく言えば「ｉＤｅＣｏに加入して掛け金を納めると、所得税や住民税が安くなる」のです。不思議ですよね。

ｉＤｅＣｏでは元本確保型といって定期預金や保険商品を選ぶこともできますが、超低金利の今、定期預金を選んでも利息はほとんどゼロに近い水準です。下手したら口座管理手数料の方が高くて「手数料割れ」になることもあります。

ですが、ｉＤｅＣｏに入ると役所からは「毎月出している掛け金の分だけ、あなたの収入が少なかったことにします」と特別扱いしてもらえて、所得税や住民税が安くなり、その効果の方が大きいので、トータルではあなたの家計はプラスになるのです。そのため「まずｉＤｅＣｏの枠（職業などにより月1・2万〜6・8万円）を埋めてから、さらに余裕があればＮＩＳＡにも挑戦しよう」というのが定石になっているわけです。

ただ、これは働き方によっても異なり、例えば専業主婦（夫）の人は所得税を納めていないので、ｉＤｅＣｏの最大のメリットが生かせません。また会社が企業型の確定拠出年金（ＤＣ）を導入していて、月5・5万円の上限額いっぱいまで掛け金を出してくれていると、個人でそれ以上ｉＤｅＣｏにお金を積むことはできません。会社のＤＣでマッチング拠出を利用している人もｉＤｅＣｏには入れません。こういった場合はＮＩＳＡ一択でもいいでしょう。

ｉＤｅＣｏは優れた制度ですが老後資金づくりが目的で、60歳までお金を引き出せないという弱点もあります。一方ＮＩＳＡは築いた資産の使途が自由で、いつでも現金化できるので急にお金が必要な時にも対応できます。このような「2つの非課税制度の性格の違い」もあらかじめ知っておきたいですね。（大口）

第6章

成長投資枠で買いたい個別株の投資戦略4選

菱田雅生

基本を実践できた人へ
「狙い目個別株」でさらに制度を活用

新ＮＩＳＡで資産形成をするなら、ここまで見てきたようにつみたてＮＩＳＡ専用ファンドを使って、王道の「長期・分散・積立」を実践しましょう。とにかくコツコツ積立投資を続けるのです。それが、最も簡単かつ成功確率の高い方法です。

これが基本中の基本だと思ってください。

正直ＦＰである私（菱田）も、「長期・分散・積立」の投資を、資産運用のベースとして続けています。投資のプロでも実践している方法なのです。

その上で、初級者コースで十分に基本が身に付いた人、まだまだ体力がある人は、中級者や上級者のコースに行くことも考えてみましょう。それが、これから触れる個別株投資です。

個別株投資というと、何やら危険なものだと感じている人もいるかもしれません。確かに、最悪の場合は投資資金がなくなることもあります。私も昔勤めていた山一証券の自社株では、４００万円ほど失いました（涙）。

でも個別株投資は、そのような危険性がある半面、非常に魅力的でもあるのです。元証券マンの私からすると個別株投資の魅力を知らないなんて、せっかくスキーやスノボをしに来たのに、中上級者コースから見える絶景や風を切って滑り降りる爽快感を知らないまま帰るようなものです。

初級者コースに慣れた人で体力に余裕がある人、つまり、つみたてＮＩＳＡ専用ファンドで積立投資をしている人で余裕資金のある人は、以下のページで基本を学んでから挑戦してみるといいと思います。

個別株投資の魅力に着目した投資戦略４選

個別株投資の魅力は、細かく挙げればたくさんあるのですが、代表的なものとしては次の４つが挙げられます。

①配当金、②値上がり益、③株主優待、④株式分割——の4つです。それぞれの魅力に着目した投資戦略を解説していきましょう。

投資戦略① 高配当株投資

株式市場に上場している企業の株式を買って株主になると、企業が上げた利益の分配を受けられることがあります。これが配当金です。決算ごとに年1回、または年2回に分けて出している企業が多いですが、中には四半期ごとに年4回出している企業もあります。

そして、この配当金の魅力を比較するのに使える指標が「配当利回り」です。これは投資額に対して年何%の配当金がもらえるのかを見る指標です。計算式は左ページの図の通りで、例えば現在の株価が1株１０００円で、1株当たり年間配当金が50円だったとすると、配当利回りは5%となります。

この配当利回りの高い銘柄を狙っていくのが「**高配当株投資**」です。ただし、単に配当利回りが高ければいいのかというと、そうではありません。例えば会社設立○周年の「記念配当」などでたまたまその年だけ配当金が多いとか、利益が出ていないのに無理して配当金を出す企業などもあるからです。株価暴落の結果、配当利回りが上がることもあります。

　なので、高配当株を探す際は企業規模や利益の状況を確認しましょう。次ページの表は、東証プライム市場で時価総額１兆円以上の企業の配当利回りＴＯＰ20です（２０２３年3月24日時点）。

　1位の商船三井や2位の日本郵船の配当利回りは年15%を超えています。10%超の銘柄が２つもあるのは珍しいですが、上位に4～6%の銘柄が複数あるのは珍しいことではありません。

配当利回り

今の株価で投資した場合、
投資額に対して年何%の配当金がもらえるのか

$$\text{配当利回り(\%)} = \frac{\text{1株当たり配当金(年間)}}{\text{株価}} \times 100$$

$$\frac{\text{1株当たり年間配当金 50円}}{\text{株価 1000円}} \times 100 = 5\%$$

東証プライム市場で時価総額1兆円以上の企業の配当利回りTOP20

	銘柄名	2023年3月24日 終値	1株当たり 予想配当金(年)	予想配当利回り
1	商船三井	3,505.0円	560	15.97%
2	郵船	3,305.0円	510	15.43%
3	JT	2,723.0円	188	6.90%
4	日本製鉄	2,999.5円	180	6.00%
5	ソフトバンク	1,549.5円	86	5.55%
6	住友商事	2,268.0円	115	5.07%
7	野村HD	497.3円	25	5.02%
8	SOMPOHD	5,311.0円	260	4.89%
9	MS&AD	4,103.0円	200	4.87%
10	アイシン	3,565.0円	170	4.76%
11	ENEOS	462.0円	22	4.76%
12	INPEX	1,353.0円	64	4.73%
13	みずほ	1,843.5円	85	4.61%
14	日本郵政	1,090.0円	50	4.58%
15	いすゞ	1,579.0円	72	4.55%
16	丸紅	1,720.0円	78	4.53%
17	積水ハウス	2,656.5円	118	4.44%
18	三井住友	5,189.0円	230	4.43%
19	ゆうちょ	1,130.0円	50	4.42%
20	三井トラスト	4,571.0円	200	4.37%

※1株当たり予想配当金と予想配当利回りは2023年3月24日時点のもの

定期預金の利息2000年分!?

以前から個人的に注目しているのは、ゆうちょ銀行や3大金融グループの配当利回りの高さです。右の表を作った時点でも、三菱ＵＦＪフィナンシャル・グループ（3・85％）以外はいずれも4％を超えています。

皆さんも郵便貯金や3大メガバンクの預金を利用していますよね。利用している人はどんな目的で利用しているのでしょうか。おそらくは「安全だから」「安心だから」という理由で利用しているのではないでしょうか。

もし安全だと思うなら、ゆうちょ銀行や3大金融グループの株式を持つのはいかがですか？　今なら、定期預金（0・002％）の利息2000年分を超える金額の配当金を受け取ることができるのです。

例えば、23年3月24日の株価でみずほフィナンシャルグループを買ったとしましょう。株価は1843・5円なので、単元株の100株だと購入金額は18万4350円になります（売買手数料0円の場合）。そして、年間の予想配当金が1株当たり85円なので、１００株だと８５００円になります。18万４３５０円の投資に対して年間８５００円の配当金が出るわけですから、配当利回りは４・61％になるわけです。

現在、１年間で税引き後８５００円の利息をもらうには、定期預金の場合はなんと5億円以上も預けないといけません。それがたった18万円ほどの投資で可能になるのです。みずほ銀行にお金を預けるのではなく、そのお金でみずほフィナンシャルグループの株式を買った方がいいような気がしてきませんか？

もちろん、株価は変動しますし元本保証もありません。でも、つぶれる心配がほとんどないのなら、買った株式をずっと保有しておくだけでいいと思うのです。

このように、高配当株への投資を狙うなら**安定的に配当金を出していて、まずつぶれそうもない企業を選ぶことが重要**になります。

なお、これまでの復習ですが、ＮＩＳＡ口座内（23年末までは一般ＮＩＳＡまたはジュニアＮＩＳＡ、24年からは新ＮＩＳＡの成長投資枠）で買った個別株の配当金は、本来かかる20・３１５％の税金が非課税になります。ただし、配当金を証券会社の口座内で受け取る方式（＝株式数比例配分方式）にしておく必要がありますのでご注意ください。

投資戦略②　成長株投資

個別株投資の魅力の２つ目は、「**値上がり益（キャピタルゲイン）**」です。

株を安い時に買って高い時に売る。その差額が値上がり益です。配当や投信の値上がり益に比べ、金銭的なメリットはこれが一番大きくなる可能性があります。

例えば、東京ディズニーランドやディズニーシーを運営しているオリエンタルランドの過去の株価の動きで見てみましょう（次ページの図）。

21年８月10日の株価１万５０００円で１００株を買い、22年２月７日の株価２万９２００円で売ったとすると、投資額の１５０万円が約半年で約２０９万円になったことになります。この時の差額の約59万円が値上がり益です。

ＮＩＳＡ口座内で買った株式の場合は、この値上がり益にも１円も税金がかかりません。利益の金額にかかわらず、非課税になります。利益が約59万円なら本来の税負担は約12万円ですが、その12万円を取られずに済むＮＩＳＡは、やはり非常に魅力的だと言えるでしょう。

ちなみに23年中に個別株投資ができるのは一般ＮＩＳＡとジュニアＮＩＳＡです。一般ＮＩＳＡでも非課税投資枠の上限は年１２０万円までなので、23年３月以前の株式分割前のオリエンタルランドの株価水準だと、単元未満株（10株単位や１株単位で売買できる仕組み）のサービスを取り扱っている証券会社でないと買えません。マネックス証券やＳＢＩ証券などにこのサービスがあります。

24年からの新ＮＩＳＡなら、個別株投資ができる成長投資枠が年２４０万円までになるので、株価が２万４０００円を超えない銘柄なら１００株でも買えることになります。

値上がり益（キャピタルゲイン）とは

成長企業の恩恵を受けられるのが株式投資の醍醐味！

今から25年ほど前、私が勤めていた山一証券が自主廃業を発表したのとほぼ同じタイミングで、ヤフー（現・Zホールディングス）が株式市場に上場しました。

今でも覚えていますが、上場前の公募価格が70万円で上場初日の初値が２００万円。そして7年後には、7億８０００万円にまで上昇したのです（株式分割分も含む）。70万円が7年で8億円近くに。実に１０００倍以上の上昇です。

ちょうどインターネットの普及が始まり、世の中がＩＴバブルに沸いたタイミングでした。ユニクロで有名なファーストリテイリングも、上場直前から株を保有していたとすると、今では２００倍以上に上がっています（次ページの図）。

もちろん、株価がこのように大きく上昇した企業は、国内にも海外にもたくさんあります。そういう将来大きく株価が上がると思われる企業を見つけて、いち早く投資をしていくのが「**成長株投資**」です。

大きく成長した企業の 値上がり益（キャピタルゲイン）

ヤフー（現・Zホールディングス）

公募価格	1997年11月上場	2004年
70万円	初値200万円	7億8,000万円

1,114倍

ファーストリテイリング

公募価格	1994年7月上場	2021年
72万円	初値149万円	1億6,000万円

223倍

勝ち組企業の見つけ方

株価が上がった銘柄を後で探すのは簡単ですが、上がる前にどうやって見つけるかが重要になります。

教科書的に言うなら、

・売上高や利益が毎年伸びている
・無借金経営を続けている
・国内シェア、海外シェアが高い
・業界が今後も伸びる可能性がある
・株価が中長期的に上昇トレンドを描いている

……などといった項目を、『会社四季報』や「日経会社情報DIGITAL《デジタル》」

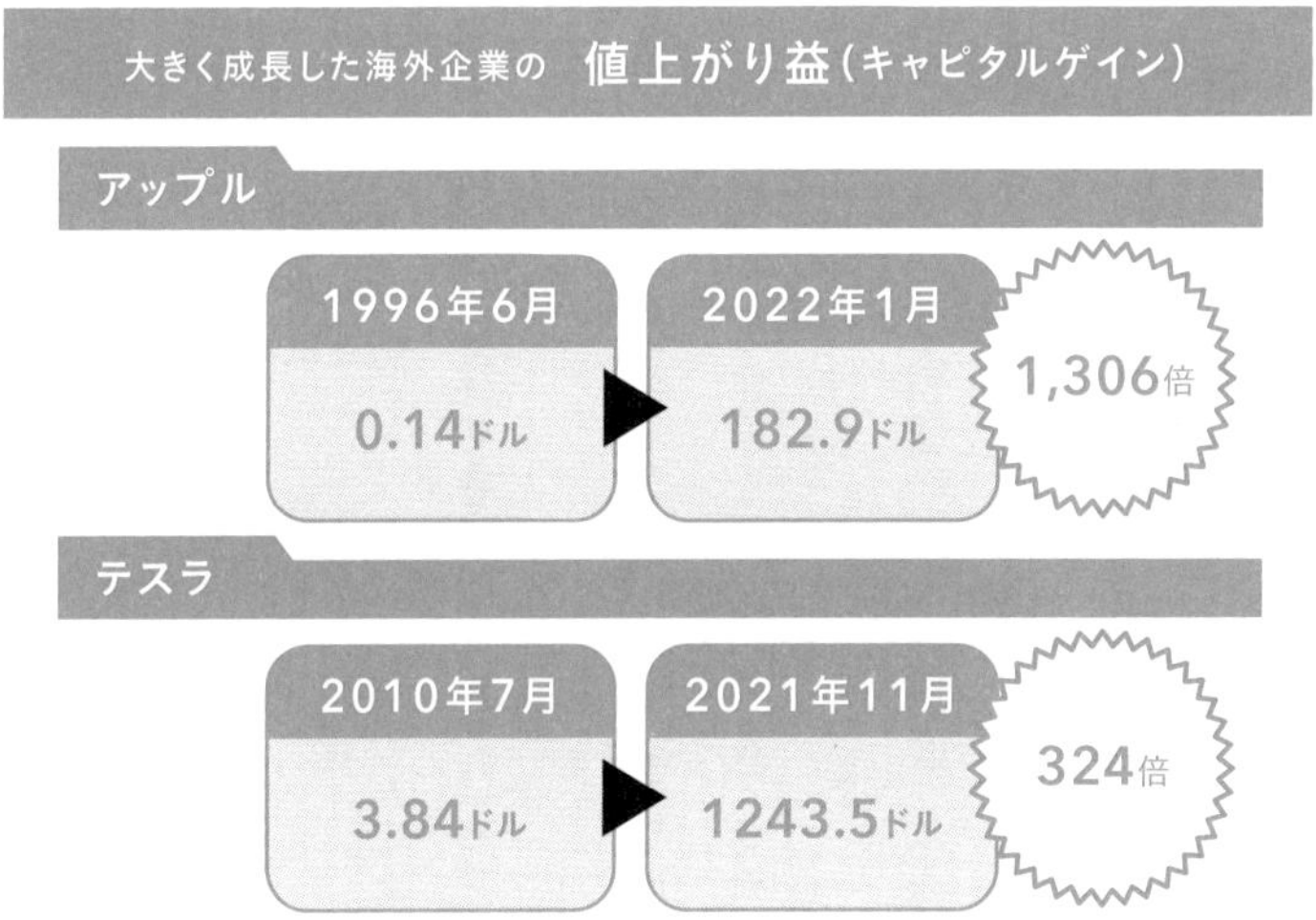

などで確認して、今後の株価上昇が期待できるのかどうかを総合的に検討します。

とはいえ、難しく考えても将来のことは誰にも分からないので、シンプルに**「これから自分が就職するとしたら、どの会社で働きたいか」といった視点で選んでみる**のも1つの方法です。

また、ベンチャー企業に出資するエンジェル投資家の気分になって、**「自分がこれから投資するお金を、最も有効活用して増やしてくれそうな経営者は誰か」といった視点で選ぶ**のも1つの方法でしょう。

個別株投資は、自分のかわいい子どもを就職させるようなものです。どの企業なら子どもが幸せになれるのか、それを探すわけです。成長する企業を選ぶことができれば、子どもは幸せになり、大きく成長して帰ってくるはずです。

もちろん、投資先は1社に限定する必要はありません。余裕資金が許す限り、複数銘柄に分散投資をすることも可能です。中にはテンバガーになる銘柄も、きっとあるはずです（08年9月のリーマン・ショック後に付けた最安値が、23年3月までの間に10倍以上になったことのある日本株は全体の24・8％に達しています）。20年後、30年後に大きく成長している企業を、宝探しのつもりで探してみましょう。

投資戦略③　優待株投資

「**株主優待**」と言えば桐谷さんですよね。皆さんもご存じでしょう。1年365日、株主優待でゲットした優待品で暮らしていることで一躍有名になった元プロ棋士の桐谷広人さんです。

桐谷さんが有名になったことで株主優待制度も有名になり、個別株投資をしてみようと思う人が増えたのは、とてもいいことだと思っています。

もともと株主優待というのは、企業が株主に対する日頃の感謝の印として、自社製品や割引券などをプレゼントする制度です。国内全上場企業の約4割にあたる約1500社が実施しています（22年9月時点）。

有名な会社では、オリエンタルランドが東京ディズニーランド・シーのワンデーパスポートをくれたり、航空会社や電鉄会社では割引券、外食産業ではお食事券をくれたりします。QUOカードやおこめ券のような金券類も一般的ですし、中には宝くじをくれる企業もあります。

下の表は、配当利回りと同様に、投資金額に対する優待品の金銭的価値を計算した「優待利回り」のＴＯＰ12です。

　優待利回りが１００％を超える企業というのは、投資金額以上の金銭的価値をたった1年分の株主優待でもらえることを意味しています。


　とはいえ、株主優待では割引券タイプが多いので、もともとその企業の商品やサービスを利用している人でないとメリットは感じにくいかもしれません。

　逆にいうと、その企業の商品やサービスをよく利用している人は、その**企業の株式を買って株主になることで、大きな**

優待利回りTOP12（2023年3月29日時点）

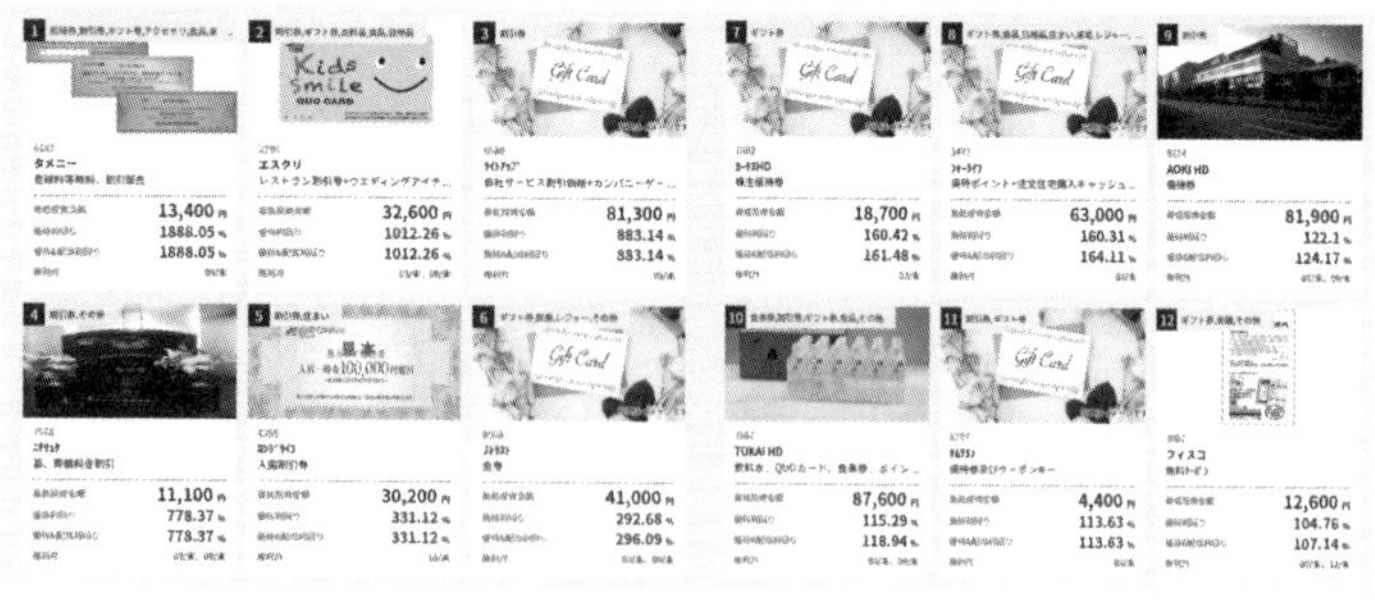

出典：QUICK Money World

メリットが得られるケースもあります。

例えばイオンをよく利用する人なら、単元株の100株（25万円相当）だけでも保有しておくと、下図のようにお買い物をした金額の3％のキャッシュバックを受けられるのです。日用品の買い物でイオンを使っている人は、株主になっておかないともったいないくらいでしょう。

なお、株主優待を受け取るには、配当金同様、決算期末などの権利確定日に株主になっている必要があります（実際には権利確定日の2営業日前の「権利付最終日」までに株を買っておく必要があります）。また、配当の金額が変更になることがあるのと同

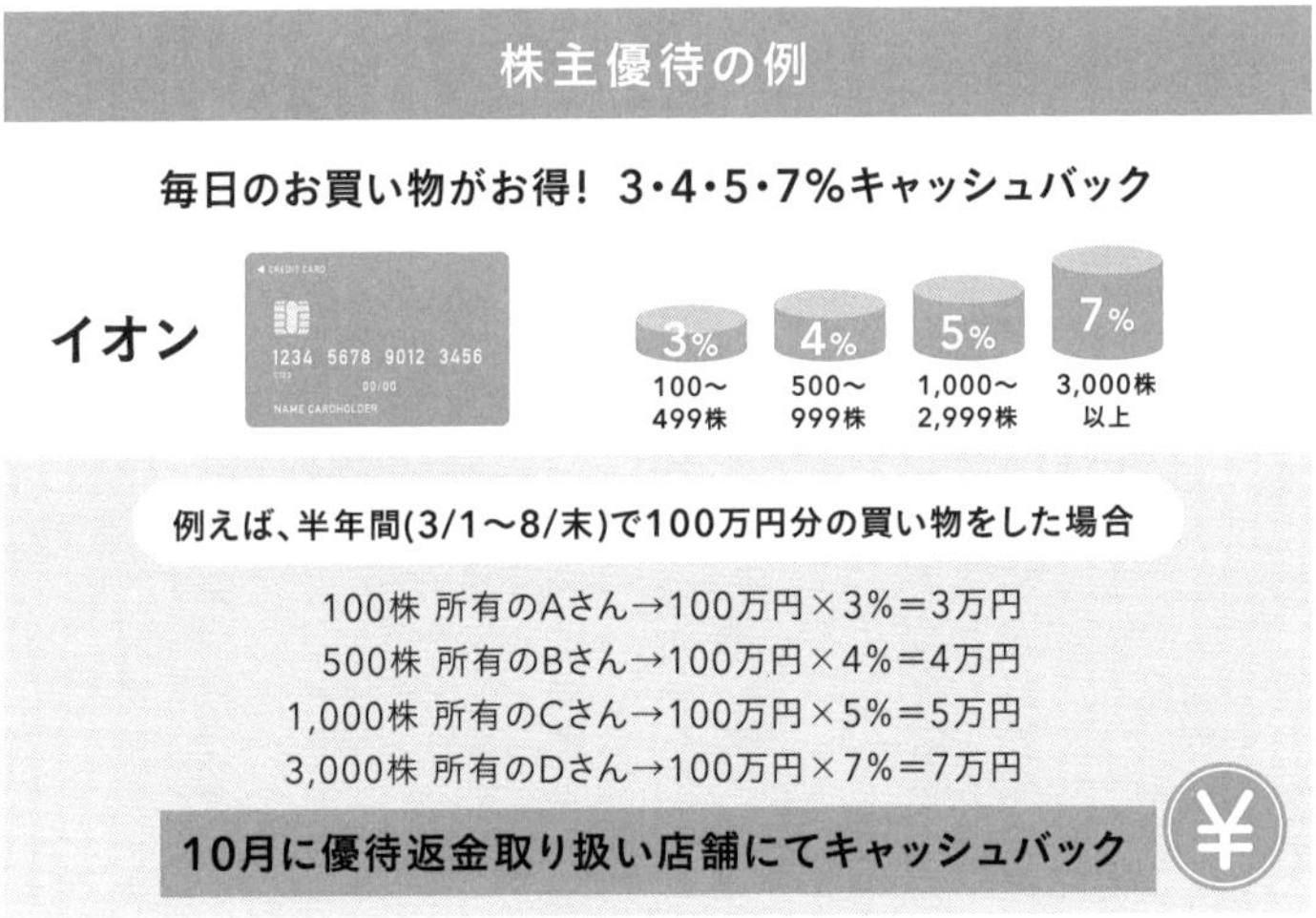

じように、株主優待制度もその時々で変更になったり、廃止になったりすることもあります。その企業のＩＲ（投資家向け広報）ページを見て確認すると正確ですが、まとめて調べるなら東京証券取引所のＴＤｎｅｔ（適時開示情報閲覧システム）も役立ちます。

投資戦略④　株式分割

最後の４つ目の投資戦略は「**株式分割**」狙いです。株式分割を定期的に実施する企業の株価は上がりやすい、と言われることが多いためです。実際、以前のヤフー（現・Ｚホールディングス）などのように大きく値上がりする銘柄ほど、株式分割を繰り返し実施する傾向にあります。

そもそも株式分割とは、１株をいくつかに分割し、発行している株式数を増やすことです。すでにその企業の株式を持っている株主にとっては、持ち株数が自動的に増えることになります。

例えばある企業が「３月末時点で１株を２株に分割する（分割比率１：２の株式分割とも言います）」と決めた場合、３月末時点で１００株を保有していた株主は、持ち株数が

2倍の200株に増えるのです。

株数が2倍に増えて株価が変わらなければ、たった1日で保有株式の価値が2倍に増えることになりますが、世の中、そんなにうまい話はありません。保有株式の価値が変わらないように、株価は2分の1に修正されます。

株数が増えても、その分だけ株価が下がるのであれば、株主にとってはちっともお得ではありませんよね。

でも実は株式分割には、株主にとって持ち株数が増える以外のメリットもあるのです。

株式分割の特徴

株価が低く修正されることで最低投資金額が下がり買いやすくなる

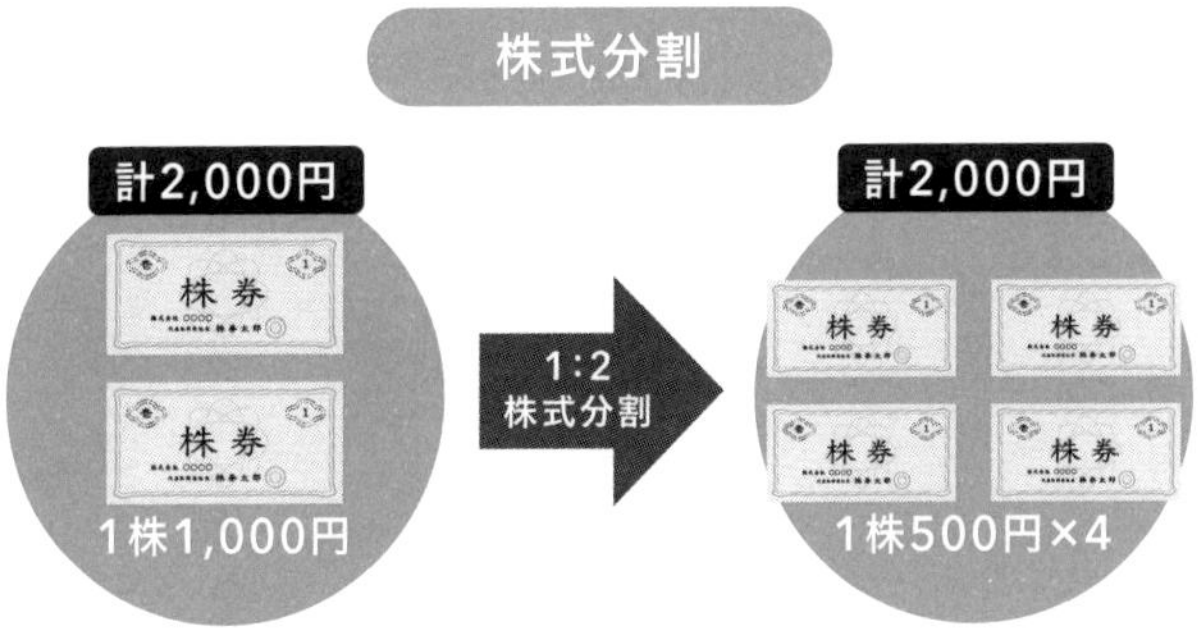

株主の持ち株数は自動的に2倍になるが、株価は1/2になる

新たに買う人が増えることで株価上昇の可能性が高まる

実は、一番大きなメリットは「**株価が修正されて下がること**」なんです。

１株を２株に分割する場合は２分の１、１株を５株に分割する場合は５分の１まで株価が修正されて下がるので、これから買おうとする新たな投資家にとっては買いやすくなり、株価にもプラスに働くのです。企業にとっても、安定的に保有してくれる株主数が増えるというメリットがあります。

例えば次ページのように、21年９月に１株を５株に分割したトヨタ自動車の場合、株式分割前の株価は１万円を超えていました。最低単元の１００株でも、いざ買おうとすると１００万円以上のお金が必要だったのです。それが株式分割によって５分の１に株価が修正されたので、約20万円のお金があれば投資できるようになったのです。一気にハードルが下がりましたね。

このような株式分割は、遅くとも実施の２～３カ月前には公表されますので、今後、**株式分割が決まっている銘柄を定期的に確認してみる**のもいいでしょう。

トヨタ自動車の株式分割

トヨタ自動車は2021年9月末、1株を5株に株式分割した

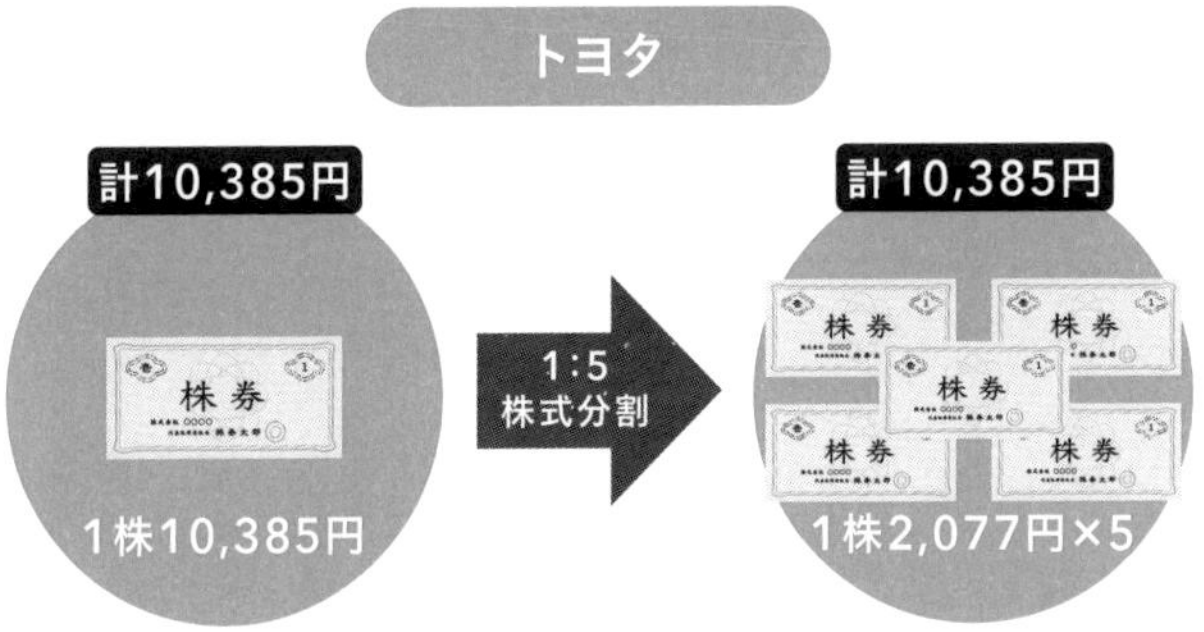

株主の持ち株数は自動的に5倍になるが、株価は1/5になる

トヨタ自動車の株価の推移

値がさ株をるいとうや単元未満株で狙うのもアリかも

株式分割を決めた企業の株価が必ず上がるという保証はないのですが、これまで株価が順調に上昇してきて、株価水準が高くなっている銘柄（一般に「値がさ株」と呼ばれます）ほど株式分割が行われる可能性が高く、中長期的な株価上昇も期待できます。

ただ、値がさ株は株価水準が高いので、最低単元の１００株を買おうとしても、１００万円や２００万円といったお金が必要になるケースも多くあります。その場合は、毎月１万円から積み立てで個別株を買える「るいとう（株式累積投資）」や、１株単位や10株単位で株式を買える「単元未満株」のサービスを利用するのも１つの方法でしょう。取り扱っている証券会社は限られ、るいとうは主に野村証券、大和証券、ＳＭＢＣ日興証券、三菱ＵＦＪモルガン・スタンレー証券のような対面証券になります。単元未満株は主にマネックス証券（ワン株）、ＳＢＩ証券（Ｓ株）、楽天証券（かぶミニ）などネット証券で取り扱っています。

なお、るいとうや単元未満株は、通常の株式（単元株）の取引よりも手数料が高い場合がありますので、比較検討してから使うようにしましょう。

個別株投資はトッピング程度に

ここまで個別株投資の４つの戦略に触れてきましたが、冒頭で示した通り、新ＮＩＳＡで資産形成をするなら、つみたてＮＩＳＡ専用ファンドで積立投資をするのが基本です。つみたて投資枠に加え、成長投資枠も積立投資１００％でＯＫです。

でも、個別株投資の魅力も捨てがたい、大きく成長する企業の恩恵を受けてみたいと思う人は、メイン料理（積立投資）のトッピング的な位置づけとして資産運用の一部に加えてもいいでしょう。

まとめ

- 高配当な株や成長しそうな株を見つけることで企業の恩恵を受けられる。
- 株主優待は自分の生活圏やよく使うサービスからお得度を考えよう。
- 株式分割をする企業は狙い目。企業の動きや値がさ株から判断を。

column

どの情報を信じればいい？ 情報収集術を教えて

昔は投資に役立つ情報が入手しにくく、最も基本的な情報である「自分の持ち株の株価」でさえも、証券会社に電話して聞くか店頭の株価ボードを見るしかありませんでした。しかし今は株価など、スマホでいつでもどこでも簡単に見られます。

今はむしろ官公庁のデータから企業のＩＲ（投資家向け広報）情報、個人のブログやTwitter、YouTubeまで、投資に関する情報が多くありすぎて、初心者は逆に「何を見ればいいか分からない」時代です。

特に個人発の情報は信憑性《しんびょうせい》がまちまちで、億万投資家がブログやTwitterで「自分がどの株をどんな狙いでいつ買ったか」「その会社の財務状況はどうか」など、極めて役立つヒントを書いていてくれるケースもあれば、「投資は危険」「ＮＩＳＡは時間のムダ」といった明らかな嘘の書き込みも多くあります（ここまで読んでくれた皆さんには、「投資は危険」という書き込みがいかに悪意に満ちた嘘なのか、十分に理解してもらえるでしょう）。一方には自分の持ち株の株価をつり上げようとして、「この株が上がる」といったポジショントークを投稿する人もいます。ですので個人発の情報は鵜呑《うの》みにせず、良い情報でも軽く疑ってかかるくらいでちょうどいいでしょう。

以下に、こんな状況の中で信じられる情報源をいくつか挙げてみます。

・金融庁の「ＥＤＩＮＥＴ」（企業の有価証券報告書などが見られる）、東京証券取引所の「ＴＤｎｅｔ」（適時開示情報閲覧システム）、日本取引所グループのサイト
・企業自身のＩＲサイトや金融機関の投資教育コンテンツ
・「日本経済新聞」や『日経マネー』、日経電子版の「マネーのまなび」セクション
・金融広報中央委員会の金融教育サイト「知るぽると」

最初のＥＤＩＮＥＴやＴＤｎｅｔは、企業の動きが早く正確に分かるので株式投資に役立ちますが、サイトで直接見るよりもスマホに「適時開示情報」「KabuDoc」といった無料のアプリを入れ、そちらで見た方が情報が探しやすく、便利です。

また上場企業は日本だけでも３９００社近くあるので、その中から自力で有望銘

柄を探そうとするのは至難の業《わざ》です。それよりも「日経新聞」や『日経マネー』などのメディアが取り上げた（媒体の信頼を懸けて選別した）有望銘柄を参考にする方が効率的でしょう。私自身が日々関与しているので手前味噌ではありますが……。

もう1つ、日経電子版の「マネーのまなび」にはNISA、iDeCoから株式投資、年金、税金、ポイ活の情報まで、豊富なマネー情報が載っています。

中でも、米国出身タレントのREINAさんと日経の記者が掛け合いで経済を解説する「マネーのとびら」というPodcastは人気で、AppleのPodcastの「投資」カテゴリーでずっと1位を記録しています。これはスマホやパソコンで無料で聞けます。通勤や散歩など他のことをしながら学べるのも便利ですし、音声で聞くと文字で読むのとはまた違って頭に入りやすい面もあるので、おすすめです。私自身も時々登場して「お金が貯まる7つの法則」などを解説しているので、ぜひ聞いてみてください。（大口）

第7章

NISAと人生の出口戦略も考えよう

大口克人

ＮＩＳＡの出口戦略は「利益が出たら売ってよし」

これまで「ＮＩＳＡを使った長期投資」の話をしてきて、金融ショックがあっても積み立てはやめない方がいい、とも書きました。そうすると「ＮＩＳＡを始めたら、売ることなど考えずに極力長く運用を続けるべきだ」と思い込む人もいるんです。特に２０２３年までのＮＩＳＡでは商品を売ると非課税枠が消滅する仕組みになっていたため、こういう考えになりやすかったのだと思います。

ただ、24年からの新ＮＩＳＡでは売った翌年に枠は復活しますし、そもそもリスク商品への投資なんだから、**タイミングを見て売却し、利益確定（利確）するのは一番大事**なことでもあります。だって我々はＮＩＳＡを使うために投資を始めたのではなく、あくまで「増やしたお金を使って何かをしたい」からＮＩＳＡを始めたのですから。そこで、ここではＮＩＳＡの出口戦略を考えてみたいと思います。

株やＥＴＦはどういうタイミングで売ればいいか

一般ＮＩＳＡや成長投資枠で株、ＥＴＦ、ＲＥＩＴなどを買っている場合、値上がりして利益が出ている状態なら一度売ることを考えてもいいでしょう。何％上がったら（あるいは、何倍になったら）売るかは自分で決めていいのです。

基本的には買った株が「大きく」値上がりしていて、「そろそろこの辺がピークだ」と思うなら、一度売って利確しておくといいでしょう。その銘柄が非常に好きなら、翌年に空いた枠で（株価が下がったところで）買い直す手もあります。

また、売った後でその株が値上がりして「早く売りすぎた！」と後悔するのは投資家なら誰でも経験していることですが、なるべく忘れて次に進みたいものです。利益は出ているのですし、マーケットは明日も動いています。人生１００年時代、今日の投資の失敗を取り戻すチャンスはこの先何十年もあるのです。

投信の積み立てでも売って利益確定するのは大事

次に投信を積み立てで買っていた場合はどうでしょう。この場合は株と違って、数年で何倍にも値上がりすることは稀です。穏やかな値上がりで安定的に資産を増やす商品なので、ちょっと上がったからといって細かく売るのではなく、なるべく長く運用を続けたいものです。その方が複利運用の効果も生かせます。

ただ、逆に言えば「かなり利益が出ている」とか「お金が必要になった」のなら、迷わず売っていいでしょう。含み益はあくまで含み益にすぎず、その後に相場が急落したらどこかへ消え去ってしまいます。含み益がある時に利確して実現益に変えておくのは非常に重要で、相場格言の「**利食《りぐ》い千人力《せんにんりき》**」（利益確定には千人分の力がある）というのはこのことを指しています。

また、現役時代に積み立てを続けていてそろそろ退職が近いとします。この場合、退職する日に合わせて投信を解約する必要は全くないので、退職前の数年間に相場状況を見ながら、少しずつ売っていくのがいいと思います。そうすればリタイア時に、退職金に加えてある程度の現金資産が確保でき、安心できます。もちろん、相場状況が悪くて売ると損が出るなら、そのまま持っておくのが正解です。

急にお金が必要になった時はどうする？

株や投信を持っていて、急にお金が必要になった時はどうでしょうか。この場合は**部分的に売る（取り崩す）**ことができます（ただし証券会社の場合、現金で出金できるのは通常、売った日から3営業日目になります）。

部分的にと書いたのは、初心者の中にはたまに「買った時と同じ量で売らなければならない」と思い込んでいる人がいるからです。つまりＡ社の株を３００株買ったので、売る時も３００株まとめてでないと売れない、と。これは間違いで、「単元株」という単位で売れます。これは何株を一まとめとして扱うかという決まりで、今は多くが１００株単位です（ＲＥＩＴやインフラファンドは1株単位で、ＥＴＦの多くは1株や10株単位で売買できます）。今の例のＡ社株も「単元株の１００株だけ売って、残りの２００株は持ち続ける」ことができるのです。

またＳＭＢＣ日興証券の「キンカブ」のように、一部の証券会社には株数指定でなく金額指定でも株を売買できる仕組みがあります。「１００銘柄に1万円ずつ投資する」とか「50万円必要なので、50万円分の株を売る」といったことができ、ＮＩＳＡ口座の非課税枠を余さず使うのにも便利ですが、一般的ではありません。

投信は金額指定で売れ、便利な取り崩しサービスも

投信はこの点が株より便利で、基本的に全ての会社で金額指定で売買できます。１００円以上1円単位といった細かい金額で部分的に取り崩して売ることも簡単ですし、最近では「**定期売却サービス**」といって、毎月一定の日に自分の決めた額を自動で売却して現金を受け取れる仕組みも出てきています（楽天証券、ＳＢＩ証券、フィデリティ証券、セゾン投信、ＳＭＢＣ日興証券など）。このサービスを使い、年金の出ない月に定額で取り崩して生活費にあてるなどすれば、高齢者も何かと問題の多い「毎月分配型」投信を使う必要がなくなります。相場状況がどうあれ自動的に換金されてしまうのも、心理的に楽にお金が使えるからいいかもしれません。

もう1つ、課税口座とＮＩＳＡ口座で同じ商品を持っている場合を考えてみましょ

う。この時、どちらを先に売るかと言えば課税口座の方です。例えば配当の受け取りでも、課税口座の方は配当が出るたびに課税されて2割減になります。同じ商品なら、税制面で有利なＮＩＳＡ口座の方を最後まで残しておくのがいいでしょう。

余裕がない時は積み立ての一時中断や減額ができる

最後に、余裕がなくて積み立てができない時はどうすればいいでしょうか。実はこの点も投信の積み立てというのは自由度が高く、簡単な手続きで一時中断ができるのです。ネット証券の場合は口座にログインしてから今の積立設定を選び、それを「解除」する程度です。したがって「再開」するのも簡単ですし、中断していても今まで積み立てた投信の資産は解約（現金化）されることはなく、そのまま保有されます。

これはつみたてＮＩＳＡでも同じで、利用している金融機関で手続きをすれば、積立期間中の一時中断も、毎月の積立額の変更もできます。またつみたてＮＩＳＡの口座内で複数の投信を積み立てている場合は、一部の投信だけを中断することなども可能です。

人生の出口戦略。リタイア時に投資を卒業する必要はない

勤め人が投資である程度の資産を築きながら定年退職を迎えたとします。昔であれば「お父さんももう引退する年なんだから、投資なんていう危ないものはやめて」と家族に言われたことでしょう。昭和30年代には55歳で定年を迎えて60歳から年金を受け取り、平均寿命の65歳で旅立ったりしていたので、無理もありません。

しかし人生１００年時代の今は、勤め人は60歳の定年後も希望すれば65歳まで再雇用で働くことができ、人手不足もあって国からも「70歳までは働いてくれますよね」と期待されている状況です。

こうなると投資の考え方もアップデートする必要があります。つまり定年に合わせて投資を卒業する必要などないのです。65歳くらいまでは、積み立てを続ける程度の

原資は稼げるでしょうし、とにかく公的年金しか収入がなくなってからが長いので、豊かな暮らしのためにはむしろ投資を続けるべきではないでしょうか。

また昔は「高齢になるほどリスクの高い株の割合は減らして、安全性の高い債券の割合を増やすべき」とも言われ、それを自動的に実現してくれる「ターゲット・イヤー・ファンド」という投信も推奨されました。でも超低金利が続いていて個人向け国債（変動10年）の利回りが0・3％（税引き後では約0・24％）という時代には、**債券をポートフォリオのメインにしていては生活できません**。ある程度はリスク商品を持ち続けた方がいいと思います。投資でも、積み立てであればリスクを軽減できるのはこれまで見てきた通りです。

とはいえ収入が年金だけだと、さすがにその中から積み立てをしていくのは難しいでしょう。しかし実際には60～64歳の就業率は73％に達していて、65～69歳でも50・8％の人が働いて収入を得ています（総務省統計局「労働力調査（基本集計）２０２２年（令和4年）平均結果」）。仕事を続ける中で、もし多少でも余裕ができたなら、退職後に積み立てを続けていたって問題ないのです。

熱の冷めた「ＦＩＲＥ」をどう考える？

なおリタイアというとここ数年、「ＦＩＲＥ」（Financial Independence, Retire Early）という言葉がはやっていました。**投資や節約で経済的自立を果たして、仕事を早期リタイアする**という米国発の考え方で、若い世代を中心にそれが理想の人生のように言われたのです。年間生活費の25倍の資産を築き、それを年４％で運用していければ資産は減らないというのが基本の考え方でした（４％ルール）。

ところが22年の株安や急激なインフレで、その前提となっていた計算が大きく狂いました。米国の過去の例から物価上昇率を３％と見て４％ルールを導き出していたのですが、22年６月の米国の消費者物価は前年同月比でなんと９・１％も上昇したのです。株価急落により利益の見込みも狂ったため、最近では「ＦＩＲＥ卒業」（ＦＩＲＥした人が再び勤め始めること）がトレンドワードになるほどＦＩＲＥ熱は冷めてしまっています。

ですが、後半のＲＥ（早期リタイア）はともかく、前半のＦＩ（経済的自立）の発想は全く間違っていないと思います。投資を通じて経済的な自由をつかめれば、本当にやりたい仕事を選んで働くことができ、働いていれば人とのつながりや満足感も得られるのです。

つまり、ＦＩＲＥはイヤな会社勤めを早く辞めるための手段ではなく、真に豊かな暮らしをしていくための考え方だととらえていくのがいいのではないでしょうか。

まとめ

- **ＮＩＳＡでも売って利益確定するのは大事。タイミングを慎重に見極めよう。**
- **お金が必要なら部分的な換金も。投信の積み立てでは中断や金額変更も容易。**
- **定年退職と同時に投資をやめるより、長く働いて少額でも積み立て継続を。**

column

NISAを始めた後、やってはいけないこととは？

NISAに限らず、投資の世界には「Start&Forget」という言葉があります。何はなくとも長期・分散・積立投資をまず「始めろ」、そして始めたら「忘れてしまえ」ということです。これは、投資信託を使った積み立てには難しい部分は一切なく、どの投信を毎月いくら買うのかだけ決めたら、後は放ったらかしでいい（その間、本業に真剣に取り組もう）という意味です。

半面、これには「投資を始めたら、あまり細かくいじるな」という意味もあります。初心者は自分のお金が減らないかが気になり、特に最初の頃は毎日運用成績を見て一喜一憂しがちです。そしてもし損が出ていると、銘柄を細かく入れ替えてなんとかプラスに持っていこうとする人もいます。

確かに、時には資産状況の確認や銘柄入れ替えも必要なのですが、それは年1回でも十分で、毎月銘柄を入れ替えたりするのは何の学びにもならないし、かえって運用成績が落ちるのでやめるべきです。

株でも下手に値動きを見てしまうと気になり、放っておけば数年後に10倍株になったかもしれないのに、少し上がったところで売ってしまって後悔するようなことになります。特にリタイア後で時間のある人が、暇に任せて相場に張り付き、細かく売買するとたいてい損をすると言われています。

基本はあくまで長期投資。上がると思って買った株や投信なら途中で見放さず、信じて長く持つようにしたいものです。

この他最大の「投資べからず」は、積み立てを途中でやめて退場することです。大きな金融ショックは10年に1度来るなどと言われます。84ページでも書いたように、初心者はこの金融ショックで相場が急落して含み損が増えていると、怖くなってせっかくの積み立てをやめ、築いた資産を手放してしまいがちです。これを「狼狽《ろうばい》売り」と言いますが、損が最大の時に売ってしまうのは最悪の投資行動と言えます。

というのは次のページのグラフの通り、過去のデータではブラックマンデーやリーマン・ショックのような大きな金融ショックでも、5年もたつ頃には相場は元の水準に戻っているからです。忘れてしまって数字を見ない状態で積み立てを続けていたら、数年後には相場が回復しているどころか、その間の安い時期に買い込んでいた多くの資産のお陰で想像以上にリッチになっていた――なんて可能性もあるのに、資産を手放してしまうのはもったいない話です。

株式市場は上がる時はものすごい勢いで上がるものですが、それはほんの一瞬であり、一体いつがその儲かるタイミングなのかは誰にも予測できません。その稲光のような瞬間に居合わせるためにも、「マーケットから退場せず、なるべく長く居続ける」ことを意識したいものです。（大口）

NYダウの歴史的推移

（月足・終値）

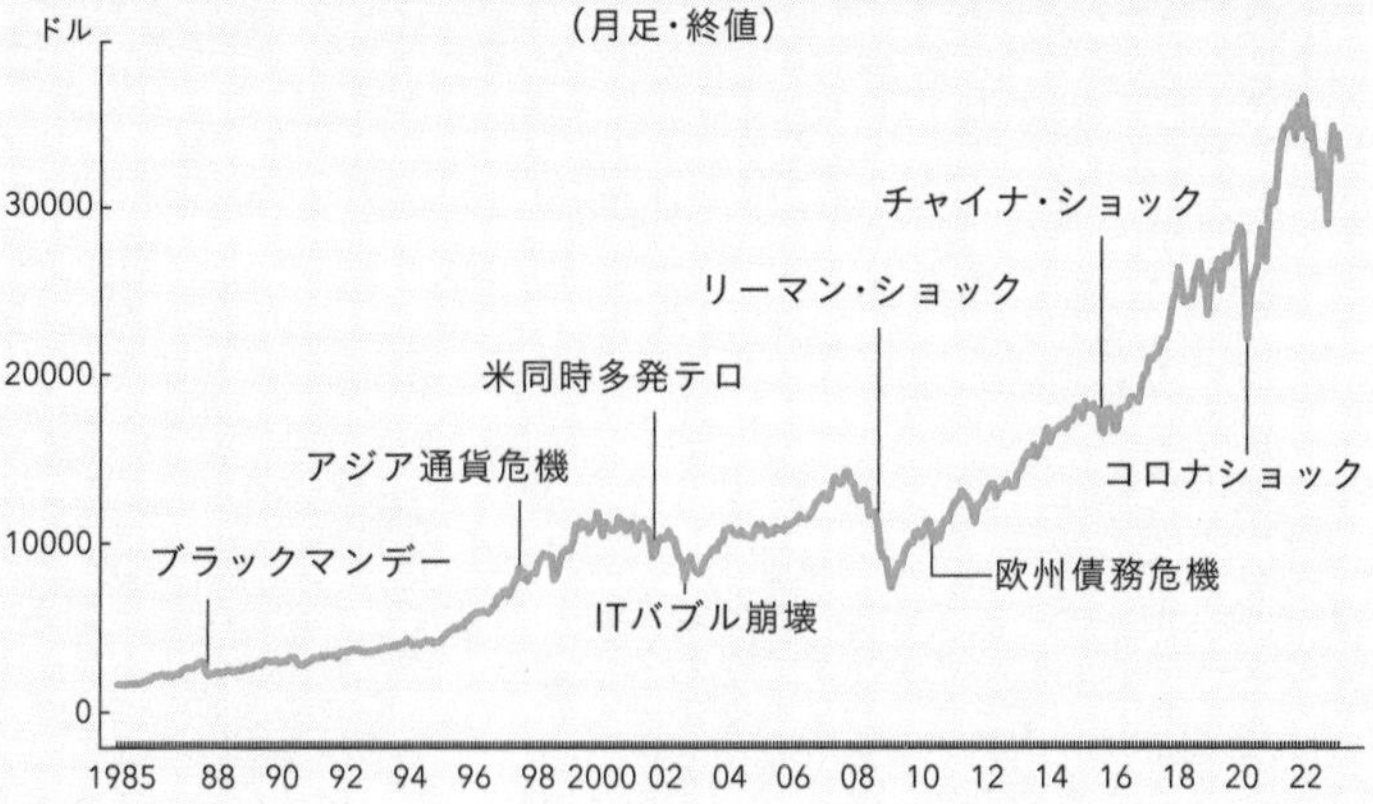

あとがきにかえて

僕たちがNISA活用をすすめる理由

菱田雅生×大口克人

大口　現行のNISAに比べ、2024年から始まる新NISAはだいぶ良くなりましたよね。まず、そのあたりの印象から伺いたいのですが。

菱田　第2章でも書かれていますが、現行NISAの非課税枠は一般NISAが年

120万円、つみたてNISAが年40万円ですよね。それが新NISAでは一般NISAに替わる「成長投資枠」が2倍の240万円に、つみたてNISAに替わる「つみたて投資枠」は3倍の120万円に拡大します。

新NISAでは2つの枠の併用が可能なので、仮に年間投資枠360万円を全額活用すると、**現行のつみたてNISAの40万円の9倍もの枠が確保できるわけです。**これは本当に岸田内閣が頑張った、本気を出したという印象ですね。

大口　本当ですね。これ以上は考えにくいというか。生涯投資枠は1800万円ですから、これを使えば普通の人は十分資産形成ができてしまう。老後2000万円問題もほぼ解決と言えそうです。

菱田　運用期間を20年、30年取れる人なら、元本1800万円が2倍の3600万円くらいになっても不思議ではない。リスクと普通に向き合う限り増えるので、最低でも老後資金2000万円はクリアできるのではないかというところですよね。

大口　新ＮＩＳＡは日本に住む18歳以上の人であれば誰でも使えて、これだけで資産形成がほぼＯＫだとすると、ある種、夢の制度ができたと言えます。

菱田　給料が右肩上がりではない今は、現行ＮＩＳＡ、新ＮＩＳＡを利用してお金に働いてもらうことが必要です。

例えばテスラの株を買えば、そのお金でイーロン・マスクに働いてもらうことができます。自分で稼ぐより、イーロン・マスクの方が稼いでくれそうですよね（笑）。

銀行に預けるよりも「自分で投資」の方が安全？

大口　お金に働いてもらうためにＮＩＳＡ口座で投資をするなら、**初心者だとやはり投資信託からでしょう**ね。今のつみたてＮＩＳＡも、新ＮＩＳＡのつみたて投資枠も対象商品は投信ですし。

菱田　投資信託は国内外の株式や債券などいろんな資産に分散投資するので、個別銘柄に投資するより値動きの幅が小さくなるように設計されています。お金が増えたり減ったりの度合いが小さいから、いきなり30％、40％目減りしてしまったなんてことが起こりにくい。初心者にとって耐えがたい、そういうショッキングな事態を避けられるので、まずは投信から始めるのがおすすめです。

大口　組み入れ銘柄が１０００社の投信の中で2社や3社倒産してもあまり大した影響はない。一方、株を1銘柄買ってそこが倒産したとなると非常に影響が大きいですからね。ただ、投信は分散投資ができるとはいえ、同じようなタイプの投信を何本も持っていても分散にならないことは知っておく必要があるでしょうね。

菱田　大事なことなので本文に続いて2回目ですが、**重要なのはアセット・クラスを分散する**、つまり国内株式、国内債券、外国株式、外国債券など異なる資産にお金を振り分けること。それが本当の分散投資です。各資産をどんな割合で組み合わせるかによって、運用の成果が変わってくるということは覚えておきたいです。

大口　その点、1本でさまざまな資産に分散投資するバランス型投信は初心者向けで、これ1本持てばOKと『日経マネー』の記事でもよく書いています。金融のプロの中には細部をとらえて「いや、正確には違う」と言う人もいますが、皆さんはマニアックな難しいことを言う人たちの言葉にはあまり左右されない方がいいと思うんですよね。

菱田　同感です。素直な方が投資の始めの一歩を踏み出しやすいかもしれません。

意外だと思われそうですが、投信は預貯金より安全性が高い面もあります。金融商品の安全性と一口に言ってもいくつか種類があり、元本保証がある預貯金であっても、預け先の銀行などが破綻した場合には預金保険制度で1000万円＋その利息までしか保護されません。超過分は戻ってこないかもしれないんです。

一方、投信は証券会社や銀行を通じて購入しますが、資産の管理をしているのは信託銀行です。投信の資産は信託銀行の資産とは分別して管理されているので、購入窓口になる銀行や証券会社、資産を管理する信託銀行のどこが破綻しても、投信購入者のお金は保全されます。

大口　何千万円分の投信を持っていてもそうですね。

菱田　はい。ですから金融機関の破綻リスクという側面からいうと、**投信は預貯金より安全性が高い**と言えます。

２人が絶対「買わない」銘柄の共通点

大口　ところで投信にはさまざまな種類がありますが、我々でも避けるもの、ましてや初心者は絶対に買わない方がいいものもありますよね。

菱田　はい、私だったら**手数料の高い投資信託**は避けます。目安をいうと、運用管理費用（信託報酬）が年１％を超えるものは、よほど運用実績が良くない限り買いません。信託報酬の分だけ実質的な運用利回りが低下しますので。例えば運用利回りが３％だとして信託報酬が０・５％なら実質的な利回りは２・５％ですが、信託報酬が１・５％なら実質的な利回りは１・５％まで下がってしまいます。

また、購入時に販売手数料がかかる投信も同じ理由で避けたいですが、そちらの数は減っています。現行のつみたてＮＩＳＡや新ＮＩＳＡのつみたて投資枠の対象になる商品は販売手数料が無料ですので、それらの中から選べばいいですね。

大口　私なら**レバレッジのかかる「ブルベア投信」**は避けますね。幸い新ＮＩＳＡではレバレッジ型や毎月分配型の投信は対象外となるので選びようもないのですが、ＮＩＳＡ以外で投資をする場合に備えて知っておいてほしいところです（61ページ）。

菱田　危なそうな商品でもどうしても興味があるなら、5万円とか10万円とか、なくなっても生活に支障をきたさない金額で試してみてはいかがでしょうか。私も勉強のために暗号資産（仮想通貨）に少額だけ投資しています。

大口　それと、投資の際に、手元にどの程度の現金を残しておくかも初心者にとっては悩みどころになるようです。

菱田　会社員や公務員なら、生活費として普通預金等に**残すお金は給料の2〜3カ月分程度でＯＫ。**それでは病気やけがで急にお金が必要になった時に困るのではとよく言われますが、まとまった金額のお金を即日払え、と言われることってまずないでしょう？

　支払いの期日に間に合うように商品を売ってもいい。値下がりしているかもしれませんが、残念だなと思いつつ売って換金する。また取り戻すことはできます。そのくらいの大らかな気持ちで投資に取り組んでほしいですね。

成功の鍵は「何が起きても市場から退場しないこと」

大口　初心者の方はよく「1円でも減らしたくない」と言いますよね。リスク商品への投資ですからそれは不可能で、そこを早く乗り越える必要があります。

ただ、株式相場が暴落すれば確かに自分が投資した株や投信も値下がりしますが、それは含み損であって、実際に売らない限り損失は確定しません。この時に「わあ、怖い！」と慌てて売って損失を確定し、**マーケットから退場しちゃうのは投資で一番やってはいけないこと**でした（191ページ）。過去の例を見る限り、急落した相場はたいてい4年半〜5年くらいで元に戻っています。そのことを知っていれば、相場が谷底になったところ、最悪の状態で売ってしまう事態は避けられると思うんです。

菱田　そうですね。2000年代以降でいうと、ITバブルの崩壊（01〜02年頃）、リーマン・ショック（08年）、直近ではコロナショック（20年）などがありましたが、確かに4〜5年で戻っていますし、コロナショックにいたっては1年もたたずに戻りました。ですので、比較的短期間で起こる暴落というのは、何年か待てば戻るということを1つ覚えておくと早まった行動が避けられます。

また同じ「歴史」に関していうと、暴落も含めて大きく株式相場が動いた時に、過去はどうだったのかという視点を持ち、「では今回はこうなりそうだな」と想像できるようになると、落ち着いて行動できると思います。

　実際に株価の回復の歴史を振り返ると、過去には非常に長い時間をかけて戻ったケースもあります。1929年の世界大恐慌の時に2〜3年かけてニューヨークダウが10分の１くらいに下がったのですが、26～27年かけて元に戻っています。

大口　それでも結局は元の水準に戻り、それを超えてきた米国株の力強さには注目すべきですね。大恐慌で底を付けた後は、長い目で見てほぼ右肩上がりです。

菱田　一方、日本はバブルのピーク、つまり89年12月29日に付けた日経平均株価の史上最高値である３万８９１５円を未だに回復できていません。

それでも、バブルのピーク時から日経平均株価に連動する商品でコツコツ積立投資を継続していたとすると、株価はその時々で変動していますが、平均購入単価は１万５０００円程度です。日経平均株価は現状、２万７０００～２万９０００円程度で動いているので、積み立てたお金は２倍近くに増えている計算になります。

今の話は「株価が元に戻っていなくても、値動きする市場にずっと居続けることでお金を増やせる」ということが証明されたとも言えます。

大口　これから積立投資で資産形成をしようという人たちにとって、非常に勇気づけられる話です。また、たとえ投資した商品が値下がりして「失敗したかな……」と思っても、その経験こそが生きた勉強ですよね。世の中でこういうことが起きたから自分の資産はこれだけ減って、それがどういう経緯で回復していくかも体験すると、すごくいい肥やしになると思うんです。若いうちに早く失敗しておきたいというか。

菱田　その通り。だから積立投資を始めましょう、始めたら退場せず続けましょうと強調したいですね。改めて、**資産形成の基本はつみたてＮＩＳＡ（つみたて投資枠）で行うこと**をおすすめします。

大口　資金の8割程度を投信の積み立てにして、残り2割程度は自分が興味のあるものをＮＩＳＡの成長投資枠で投資するというのがバランスの取れた配分でしょう。

菱田　はい。一般ＮＩＳＡや成長投資枠では、応援したい会社や株主優待のある会社、高配当な会社などの株を買うと、利益成長以外にも楽しめるのではないかと思います。

大口　株式相場は数年に1度、短期間に急上昇する場合があります。値下がりしても慌てて売らずに市場にとどまっていれば、そのチャンスをつかめるかもしれません。

菱田　逆に相場が急落した時はバーゲンセールととらえて、買いたかった銘柄を買うチャンスになりますね。

大口　そうですね。恐れずに相場とうまく付き合えば、上がった時も下がった時もそれぞれチャンスに変えられるということだと思います。

人生100年時代の投資戦略には「柔軟性」を

大口　今の「マーケットから退場しなければいつかは利益チャンスがある」「今日失敗してもいつか取り戻せる」というのは若い世代に限ったことではないですよね。

昔だったら定年退職と同時に、投資からも引退するといった雰囲気があったじゃないですか。でも平均寿命が延びて60歳から先も20年、30年とある。
ですので、60歳時点で何か投資でつまずいたとしても、判断能力さえしっかりしていれば取り戻す時間はまだある。逆に**60歳からＮＩＳＡで積立投資を始めようとか、応援したい企業の株を買おうというのでも全く遅くない**と思います。

菱田　確かに、60歳以降の人生が30年、40年とあるかもしれないことを考えると、60歳の段階で資産のほとんどを預貯金とか債券など、手堅いとされているものにシフトする必要はないでしょう。
例えば、ターゲット・イヤー・ファンドは株式と債券に分散投資する投信で、年齢が高くなるにつれて段階的に株式の比率を低く、債券の比率を高くして値動きのリスクを自動的に低減していく投信です。株式と債券の比率の組み替えは運用会社にお任せなので楽なのですが、60歳の段階で債券中心の運用に切り替えるのは、超高齢社会にはそぐわなくなってきていると言えます。

大口　その辺りは昔と方程式が変わってきているというか、考え方を柔軟にした方が資産運用にも柔軟性が生まれると思うんです。

菱田　さすがに株式の個別銘柄に偏りすぎるのはハイリスクだと思いますが、60代、70代になっても投信を中心に分散投資し、多少の値動きを味わいつつ、日本経済や世界経済の成長の恩恵を受けられる状態を作っておくことはおすすめしたいです。

大口　一方、シニアというとそれまで投資経験がないのに、退職金を金融機関にすすめられるまま特定の商品にまとめて投資するという人がいます。よく「退職金デビュー」などと言われますが、これは失敗する可能性が高いので避けたいですね。

菱田　必死に働いて貯めてきた、大事な老後のお金ですからそれだけは厳禁です。

お金のプロが実践する「情報収集」術とは？

大口　ところで投資には情報収集が欠かせませんが、若い人に話を聞くと、最近では

YouTubeやInstagramを情報源にする人も多いそうです。YouTubeはプロの投資家や公式の発信もありますが、Instagramで静止画を10枚ぐらい見て銘柄を売買するなんて話を聞くと、大丈夫なのかなと心配になります。

菱田　そうしたSNSの情報は、特定の金融商品や情報商材に誘導する広告だという場合も多いので要注意です。では信頼できる情報が何かというと、**官公庁などが発信する一次情報と言われる、加工されていないオリジナルの情報**でしょう。

大口　176ページのコラムでも書きましたが、例えばNISAの情報であればそれを管轄する金融庁のサイトは信頼できますよね。他に菱田さんのおすすめはありますか？

菱田　例えば証券会社の業界団体である日本証券業協会や、東京証券取引所のサイト。いずれも投資のガイドブックなども発行していて、日本証券業協会の場合、

『サクサクわかる！資産運用と証券投資スタートブック』という投資の基本をまとめた冊子がWEB上で読めたり、電子書籍として無料配信されたりしています。

もう1つ、私が今こそすごさを再認識してほしいと思っているのが、手前味噌にはなりますがこの本も含めて「紙の書籍」です。書籍は著者や編集者が情報の裏取りをして、出版社が責任を持って発行していますから信頼度は高いと言えます。

大口 ありがとうございます。手前味噌ついでに言うと、私が発行人をしている『日経マネー』や、日経電子版の「マネーのまなび」もぜひ読んでいただきたいですね（笑）。

菱田 一方で、SNS上の情報にも使いようはあります。「あの銘柄が上がる」といった書き込みはガセネタである可能性が高いでしょうが、その情報により投資行動を起こす人たちもいるので、結果として実際に株価が動いてしまうこともあるんです。

大口 なるほど。相場の動きを理解するために、一応、頭の片隅には置いておくと？

菱田　そうですね。投資の世界には正しい情報と間違っている情報の2種類だけではなく、グレーな情報もたくさんあるので、そういう情報も受け取りながら、では自分はどんなスタンスを取るのか、試行錯誤しながら決めていけばいいと思います。

投資は自己責任。でも、時には「誰かの力」も借りてみる

大口　初心者には厳しく聞こえるかもしれませんが、投資はやはり自己責任の世界です。先ほどの「退職金デビュー」をした人は失敗したらきっと金融機関のせいにしますよね。自分で選んでいないので反省もしない。これではなかなか改善しません。

　一方、もし自分で選んで投資した商品であれば、ちょっと違っていたかなと思った時に、同じ失敗を繰り返さないようにどこがいけなかったのか考えると思うんです。それが次につながる。**自分で考えた上で決断することは非常に重要**です。

菱田　私もよく「菱田先生はどんな割合で運用しているんですか」と聞かれますが、そういう時には「私に人生、委ねますか？」と聞くようにしています。これは自分で

決めることが大切だということの言い換えなんです。

大口　よく分かります。投資は先の長い話ですから、初心者のうちから自分なりに考えて決断する習慣を身に付けておくに越したことはありませんね。

菱田　イメージが湧いてこなければ、信頼できる人の真似から入るのも1つです。その際には1人に絞らず、Aさんが言っていたことのこれを真似しよう、Bさんの言っていたあれを真似しようというように、何人かのやり方を組み合わせてもいいですね。

大口　また、自分で考えられるようになるための糸口として、お金を払って菱田さんのようなFPやIFA（独立系ファイナンシャル・アドバイザー）といったプロに相談するのも手でしょう。相場の急落で株や投信が値下がりした時も、相談先のプロから「いずれ戻るよ」と励ましてもらえれば心強く、退場せずに済みます。日本人は「情報は無料」と考えがちですが、専門家を有料で上手に使うことも考えていいと思います。

菱田　その際に注意したいこともあります。読者の方の中には「この人のアドバイスを受けたい」と、お金のセミナーに参加してみようと思っている人もいるかもしれません。ただＳＮＳでの情報収集と一緒で、無料セミナーや安い料金のセミナーだと、特定の金融商品に誘導されたりする罠の可能性もあるんです。その点では、ある程度の金額を払って信頼できるプロに学びに行くのはいいと思います。

　自分でできる初心者向けの勉強としては、ＦＰ３級（ファイナンシャル・プランニング技能検定３級）のテキストがおすすめです。ＦＰ３級の資格を取れ、と言っているわけではありません。ですが、金融知識を体系的に学べるという意味ではおすすめです。

未来を「楽観的に」信じられる人が投資の果実を得る

大口　では最後に、これから投資を本格的に始めたい人たちへのメッセージをお願いします。ここまで聞いて投資はまだいいやと思っている人はいないと思いますが（笑）。

菱田　**お金は目的ではなく手段**です。お金を増やすこと自体が目的なのではなく、

「将来こんな生活をしたい」という希望を実現することが目的ですから、それに向かって資産形成をする、その手段の1つがＮＩＳＡ制度です。

先行きが不透明な時代だから「損をする恐れのある投資をするのは心配」と思うかもしれませんが、いつの時代も先行きは不透明だったはずです。ですが人間が欲望を原動力に生きている限り、経済は成長し、株価は上がります。それはみんな幸せになりたいからです。特に経済的に、ですね。全人類が「頑張ってどうするんだ、みんないつかは死んじゃうんだぜ〜」とネガティブになったら株価は下がり続けるでしょうが、多分そうなる可能性はほぼゼロに等しいと思います。

大口　全く同感です。企業も消費者のニーズに応えるために競争力を磨いて成長していくものですし、世界全体で見ると相変わらず人口は増えていて、いろんな金融ショックはあるものの、長い目で見ると経済は成長する方向にありますね。

菱田　日本は少子高齢化で人口減の方向ですが、副業を始める人が増えています。本業＋副業により所得が増えるため、1人当たりのＧＤＰは増える余地があると思います。そのように物事を前向きにとらえ、あれこれ考えすぎない方がいいですね。

大口　私も長期的な楽観論というか、長い間には世界経済は発展するということを楽観的に信じられる人が、最終的には投資の果実を得られるのではと思っています。

菱田　実際そうなんですよ。だから大体の資産配分を決めたところで「えいやっ」と始めましょう。10年後、20年後の相場がどうなっているのかはプロでも分かりませんから、どんな資産配分が正解かは結果論。

一方、**早く始めた方が時間による恩恵を受けられる可能性が高くなる**のは確かです。後から軌道修正もできるので、投資しながら考えることにしましょう。

大口　私からのメッセージは「**新ＮＩＳＡがいいと思ったら、本を読んで終わりではなく行動につなげること**」。これを読んで積立投資を始めた人に20年後にもし会えたら、「あの時、始めてよかったよ！」と言ってもらえると確信しています。

文：萬真知子／写真：大沼正彦

もっとお金を
学びたくなった人へ

5分で分かる
特別限定公開動画
一覧はここから！

※動画はWEB上で公開するものです。
※動画の提供は予告なく終了となる
場合がございます。あらかじめご了承ください。

［著者プロフィール］

菱田雅生（ひしだ・まさお）

ファイナンシャル・プランナー（CFP、1級FP技能士）、ライフアセットコンサルティング株式会社代表取締役。1969年東京都生まれ。早稲田大学法学部卒業後、山一証券に入社し個人営業を経験、山一証券自主廃業後、独立系ＦＰに。講演、執筆、コンサルを中心に活動。金融機関や大手企業での講演回数4400回超。コラム執筆3000本超。1級DCプランナー、住宅ローンアドバイザーの資格も持つ。著書に『お金を貯めていくときに大切なことがズバリわかる本』（すばる舎）など。2020年、YouTube「正直FPヒッシー先生の『お金の増やし方』チャンネル」開設。

大口克人（おおぐち・かつひと）

日本経済新聞 金融・市場ユニット マネー編集チーム副リーダー、『日経マネー』発行人。1991年、日経ホーム出版社（現・日経BP）に入社。『日経マネー』編集部に配属以来、『日経ゼロワン』編集長、『日経マネー』編集長、日本経済新聞マネー報道部長などを経て30年以上を個人の資産形成の研究に費やす。新聞・雑誌・書籍・WEBなど多くの媒体を経験し、金融セミナーの講師・モデレーターなども行う。日経電子版「マネーのまなび」セクションを担当。

日経マネーと正直FPが考え抜いた！

迷わない新NISA投資術

2023年 5 月22日 第1版　第 1 刷発行
2023年11月17日 第1版　第10刷発行

著者	菱田雅生　大口克人
発行者	中川ヒロミ
発行	株式会社日経BP
発売	株式会社日経BPマーケティング 〒105-8308　東京都港区虎ノ門4-3-12 https://bookplus.nikkei.com/
企画協力	萬真知子　藤代静香
デザイン	沢田幸平（happeace）
イラスト	松山朋未
写真	大沼正彦
制作	キャップス
校正	ヴェリタ
編集	幸田華子
印刷・製本	中央精版印刷株式会社

本書籍に関するお問い合わせ、ご連絡は下記にて承ります。
https://nkbp.jp/booksQA

ISBN978-4-296-00155-2　Printed in Japan